I0269057

présentent chaque jour dans la pratique. Il renferme de hautes enseignemens, et ces résultats positifs indispensables aux travaux quotidiens du Palais et du cabinet. Cette combinaison habile a sans cesse été présente à l'esprit du continuateur; il a constamment cherché à la reproduire.

LE
DROIT CIVIL FRANÇAIS

(Art. 1 à 1581.)

PAR M. TOULLIER.

Cinquième édition, 15 volumes in-8°, imprimés sur papier collé propre à recevoir des notes. . . . . . Prix : 134 fr.

On peut acheter séparément :

Tome XII à XIV, chacun. . . . . 10 fr.
Tome XV, Table générale alphabétique et analytique des matières. . . 6 f.
Cette Table peut également servir pour les cinq éditions du Traité de M. Toullier.

CONTINUATION

(articles 1582 et suivans.)

Par M. **J. B. DUVERGIER**, auteur de la Collection des Lois,

Sur les notes de feu M. CARRÉ de Rennes.

8 volumes in-8, plus 1 volume de Table. . . . . . . Prix : 86 fr.

DÉDIÉE A M. TOULLIER.

Le premier volume de la Continuation, tome XVI, contenant le titre de la Vente (art. 1582 à 1658), est en vente :

CHEZ L'ÉDITEUR, **JULES RENOUARD,** LIBRAIRE,

RUE DE TOURNON, N° 6, A PARIS.

Prix : 10 fr.

Et franc de port par la poste. . . . . . 12 fr.

N.B. MM. les Souscripteurs à la *Continuation*, sont invités à faire retirer le tome 1er et à en faire payer le prix à Paris. Tout exemplaire dont le montant ne serait pas joint à la lettre de demande ne sera pas envoyé.

Imprimé chez PAUL RENOUARD, rue Garancière, n. 5.

ABRÉGÉ

D'HISTOIRE ANCIENNE

ET

D'HISTOIRE UNIVERSELLE,

A L'USAGE DES DAMES DE L'ORATOIRE.

ANGERS.

IMPRIMERIE DE LAUNAY-GAGNOT.

1835.

ABRÉGÉ

D'HISTOIRE ANCIENNE.

HISTOIRE D'ÉGYPTE.

L'Egypte et l'Assyrie virent le commencement de leur histoire dans la nuit des temps. Des récits fabuleux embellissent de leurs fictions la vie des fondateurs et des principaux héros de ces puissantes monarchies. Parmi tant d'erreurs, la vérité se montre avec peine : nous nous bornerons à raconter ce qu'en disent les auteurs les plus dignes de foi. Ce qui concerne les Egyptiens peut se diviser en trois parties : 1° La description de l'Egypte ; 2° ses coutumes, ses lois et son gouvernement ; 3° l'histoire de ses rois.

DESCRIPTION DE L'ÉGYPTE.

L'Egypte, dans une étendue assez bornée, renfermait autrefois un grand nombre de villes et une population nombreuse. Ce pays, borné au levant par la mer rouge, au nord par la Méditerranée, au midi par l'Ethiopie et au couchant par la Lybie, se trouve resserré par deux chaînes de montagnes, qui souvent ne laissent entr'elles qu'un espace fort étroit. La plus grande largeur de l'Egypte est de cinquante lieues. Le Nil la traverse dans toute sa longueur qui est de deux cents lieues. On divisait cette contrée en trois parties : la Haute-Egypte ou Thébaïde, celle du milieu ou Heptanome et la Basse-Egypte ou Delta.

La fameuse ville de Thèbes donna son nom à la Thébaïde. Cette capitale pouvait le disputer aux plus belles villes du monde. On dit qu'elle faisait sortir par chacune de ses cent portes deux cents chariots et dix mille combattans. On y voyait la statue de Memnon qui rendait, dit-on, un son articulé lorsqu'elle était frappée des premiers rayons du soleil.

L'Egypte du milieu avait Memphis pour capitale. Près de cette ville se trouvait, sur une montagne, le puits de Joseph, remarquable par sa profondeur ; les travaux immenses qu'il avait coûtés en avaient fait une merveille de l'Egypte. On peut citer encore, parmi les raretés de cette province, les Obélisques, les Pyramides, le Labyrinthe, le lac Mœris et le Nil lui-même, qui cause la fertilité de l'Egypte par ses inondations.

La Basse-Egypte était la plus cultivée, la plus fertile et la plus riche. La ville d'Héliopolis peut être citée parmi plusieurs autres ; elle renfermait un temple magnifique dédié au soleil. Le culte du bœuf Apis était célèbre dans cet endroit. Dans la suite, Alexandrie, bâtie par le grand Alexandre, égala presque la magnificence des anciennes villes de l'Egypte : elle devint le centre de presque tout le commerce de l'Orient. La tour de Pharos ou Phare d'Alexandrie devint une nouvelle merveille, ainsi que la fameuse bibliothèque.

COUTUMES, LOIS, RELIGION DES ÉGYPTIENS.

Le royaume était héréditaire. Le prince était obligé de vivre selon les lois : son devoir principal était de rendre la justice au peuple. Il devait commencer la journée par des pratiques religieuses et se livrer ensuite aux soins du gouvernement. Trente juges étaient choisis pour juger le royaume. Il n'était pas permis d'introduire une nouvelle coutume en Egypte. Chaque particulier était tenu d'exercer une profession utile à l'état. Les vieillards étaient fort respectés ; les jeunes gens devaient leur céder partout la place d'honneur.

Les prêtres tenaient le premier rang après les rois. Ils avaient de grands priviléges et de grands revenus. Ils étaient en même temps les dépositaires de la religion et des siences. Plusieurs fêtes solennelles étaient établies en l'honneur des dieux. Les mystères de la religion étaient enveloppés de symboles et d'énigmes dont les prêtres seuls avaient l'intelligence. Jamais nation ne fut plus superstitieuse que celle des Egyptiens. Parmi le grand nombre de faux dieux qu'ils honoraient, on distingue Osiris et Isis qu'on a prétendu être le soleil et la lune. De plus ils adoraient beaucoup de bêtes : le bœuf, le chien, le loup, l'épervier, le crocodile, l'ibis, le chat, etc. C'eût été un crime digne de mort d'attenter à la vie d'un de ces animaux. Les légumes des jardins recevaient aussi les honneurs divins. Les Egyptiens avaient beaucoup de respect pour les morts : ils embaumaient les corps avec soin et les conservaient avec honneur dans le lieu qui leur était destiné ; c'est ce qu'on appelle momies. Les Egyptiens étaient soumis à un jugement solennel après leur mort ; les rois n'en étaient pas exempts : ils ne recevaient les honneurs de la sépulture que lorsque leur mémoire n'avait pas été flétrie.

La profession militaire était en grand honneur en Egypte. Après les familles sacerdotales, celles qu'on estimait les plus illustres étaient destinées aux armes. Les troupes étaient exercées avec soin et récompensées généreusement.

La profession des armes était héréditaire. Ceux qui prenaient la fuite dans un combat étaient notés d'infamie. Néanmoins l'Egypte n'avait de soldats que pour sa défense et ne songeait pas à faire de conquêtes.

Les Egyptiens avaient l'esprit inventif ; mais ils le tournaient aux choses utiles. Ils se rendirent fort habiles dans la médecine. L'architecture, la peinture, la sculpture et tous les autres arts furent portés chez eux à un grand point de perfection.

Les laboureurs, les pasteurs et les artisans formaient, en Egypte, les trois conditions inférieures : ils y étaient cependant fort estimés. Il n'était pas permis de changer de profession. Chaque emploi se perpétuait de père en fils.

Les légumes et les fruits étaient excellens en Egypte. La pêche et les troupeaux fournissaient encore aux Egyptiens une nourriture abondante. La grande richesse du pays était le blé, qui le rendit plus d'une fois la ressource des contrées moins fertiles.

HISTOIRE DES ROIS D'EGYPTE.

Cette histoire peut se diviser en trois époques remarquables. La première commence à l'établissement de la monarchie égyptienne, fondée par Ménès ou Mesraïm fils de Cham, l'an du

Ans. monde 1816, et finit à la conquête de l'Egypte par Cambyse, roi de Perse, l'an 3479.

La seconde est mêlée avec l'histoire des Perses et des Grecs, et s'étend jusqu'à la mort d'Alexandre-le-Grand, arrivée en 3681.

La troisième est celle qui a vu s'élever une nouvelle monarchie, sous les Lagides, c'est-à-dire sous les Ptolémées, descendant de Lagus, jusqu'à la mort de Cléopâtre, dernière reine d'Egypte, en 3974.

Première époque.

1816

Ménès ou Mésraïm, fils de Cham, est regardé comme le premier roi d'Egypte. On dit qu'il établit dans ce pays le culte des dieux et les cérémonies des sacrifices.

Busiris, assez long-temps après, bâtit la ville de Thèbes et y établit le siége de l'empire.

Osymandias fit bâtir un magnifique palais dans lequel il plaça une bibliothèque, la plus ancienne dont l'histoire fasse mention ; elle avait pour inscription : *Trésor des remèdes de l'âme.* Le tombeau de ce prince méritait également l'admiration par la perfection et la richesse des ouvrages qu'on y avait exécutés.

Uchoreus bâtit Memphis, qui avait plus de sept lieues de tour. Elle fut la capitale de l'E-

Ans. gypte jusqu'au temps où Alexandre-le-Grand fonda Alexandrie.

Mœris construisit ce lac fameux qui porta son nom.

Après ce roi, des étrangers s'emparèrent de Memphis et de la Basse-Egypte. On les nomma rois pasteurs.

2084 C'est sous l'un d'eux qu'Abraham vint en Egypte avec sa femme Sara, pour éviter la famine qui désolait la terre de Chanaan.

Thethmosis ou Amosis chassa les rois pasteurs et régna dans la Basse-Egypte. Sous un des successeurs de ce roi, Jacob s'établit en Egypte avec toute sa famille.

2427 Ramessès-Miamun persécuta les Israélites. Il est connu dans l'Ecriture sous le nom de Pharaon, commun à plusieurs rois.

Aménophis, fils ainé de Ramessès, lui succéda. C'est ce Pharaon sous qui les Israélites sortirent d'Egypte, et qui fut submergé dans la mer rouge.

Sésostris fut un conquérant fameux. Il avait reçu une éducation toute guerrière. Il s'empara de l'Ethiopie, des îles et de toutes les places maritimes voisines de l'Egypte. De là ses armes victorieuses passèrent en Asie qu'il soumit avec une rapidité étonnante : il pénétra dans les Indes, étendit son empire depuis le Gange jusqu'au

Danube, et revint chargé des dépouilles des nations qu'il avait vaincues, traînant après lui une foule innombrable de captifs. Il embellit ensuite l'Egypte de nombreux monumens aussi utiles que magnifiques. Trop d'orgueil ternit ses belles qualités. Etant devenu aveugle dans sa vieillesse, il se donna lui-même la mort.

Vers ce temps, les Egyptiens établirent leurs colonies en différens endroits. Cécrops marcha vers la Grèce, et fonda douze bourgs dont il composa le royaume d'Athènes. Le frère de Sésostris, appelé par les Grecs Danaüs, ayant voulu exciter une révolte contre son frère, vit ses desseins renversés et se retira dans le Péloponèse où il s'empara du royaume d'Argos. Busiris, frère d'Aménophis, célèbre par sa cruauté, exerçait alors sa tyrannie en Egypte, sur les bords du Nil : c'était, selon toutes les apparences, pendant les expéditions lointaines de Sésostris.

Phéron hérita du sceptre de Sésostris, mais non de sa gloire : ce fut un prince impie et méchant.

Protée était de Memphis : la fable a rendu le nom de ce prince fameux.

Rhampsinit fut renommé pour ses grandes richesses.

Ans. Chéops et Chephen étaient frères. Ils régnèrent l'un après l'autre, et se signalèrent par leur impiété et leur cruauté. Ils firent construire deux pyramides d'une grandeur énorme.

Mycérinus était fils de Chéops : il répara les malheurs des règnes précédens ; mais son règne fut trop court pour faire tout le bien qu'il désirait. Il bâtit aussi une pyramide bien moindre que celle de son père.

Asychis établit une loi par laquelle il n'était permis à un fils d'emprunter qu'en mettant en gage le corps mort de son père, avec la condition que si ce précieux gage n'était promptement retiré, le créancier serait privé, lui et ses enfans, du droit de sépulture. Ce roi fit construire une pyramide en brique.

2991 Pharaon donna sa fille en mariage à Salomon, roi d'Israël.

3026 Sésac ou Sésonchis donna asile à Jéroboam qui fuyait la colère de Salomon. Sous le règne de Roboam, roi de Juda, Sésac entra dans Jérusalem, enleva les trésors de la maison du Seigneur et du palais du roi, et imposa un tribut à Roboam.

Zara, roi d'Ethiopie et en même temps roi d'Egypte, fit la guerre à Asa, roi de Juda, à la tête d'un million d'hommes. Asa, ayant imploré le secours de Dieu, fut victorieux.

Anysis était aveugle : sous son règne, l'E-
gypte tomba au pouvoir de Sabacus, roi d'E-
thiopie.

Sabacus, s'étant rendu maître de l'Egypte, gouverna ce royaume avec beaucoup de douceur et de justice. Après un règne de cinquante ans, il se retira volontairement en Ethiopie et rendit le trône à Anysis qui, pendant tout ce temps, s'était tenu caché dans des endroits marécageux. On croit que ce Sabacus est le même que Sua dont Osée, roi d'Israël, implora le secours contre Salmanasar, roi des Assyriens.

Séthon ou Sevechus, fils de Sabacus, au lieu de s'acquitter des fonctions de la royauté, se livrait à celles du Sacerdoce ; il se fit consacrer prêtre de Vulcain et affecta beaucoup de mépris pour les gens de guerre. S'étant allié avec Tharaca, roi d'Ethiopie, pour marcher au secours de Jérusalem, menacée par Sennachérib, il fut vaincu et l'Egypte ravagée par les Assyriens.

Tharaca régna ensuite. Après sa mort, les Egyptiens, ne pouvant s'accorder sur sa succession, furent deux ans dans un état d'anarchie, accompagné de grands désordres. Enfin douze des principaux seigneurs, s'étant ligués ensemble, partagèrent entr'eux le royaume, et régnèrent avec une autorité égale. Leur union ne fut pas troublée pendant quinze ans ; pour en laisser un monument, ils bâtirent le fameux labyrinthe, déjà cité parmi les merveilles de l'Egypte. Peu après Psammitique, l'un d'eux, fut relegué dans les pays marécageux de l'Egypte. Ce prince, ayant rassemblé quelques troupes, vainquit les onze rois et demeura seul maître du royaume.

3334   Psammitique eut une longue guerre à soutenir avec le roi d'Assyrie, au sujet des limites des deux empires. Il voulut conquérir la Palestine, mais il trouva une forte résistance : la ville d'Azot ne se rendit qu'après vingt-neuf ans de siège. Sous le règne de ce prince, les Egyptiens entrèrent en commerce avec les Grecs.

3382   Néchao entreprit de joindre le Nil à la mer Rouge par un canal qu'il ne put achever, après y avoir fait périr cent vingt mille hommes. Sous son règne, d'habiles mariniers phéniciens firent le tour des côtes de l'Afrique, et revinrent en Egypte par le détroit de Gibraltar, la troisième année de leur navigation. Ce prince vainquit Josias, roi de Juda, et les Babyloniens détrôna Joachas, se rendit maître de Jérusalem et donna la couronne à Joakim ; mais il fut battu quelque temps après par Nabuchodonosor, fils de Nabopolassar, et perdit toutes ses conquêtes.

Ans. Psammis, fils de Néchao, reçut une célèbre ambassade des Eléens, qui le consultaient sur les jeux olympiques qu'ils avaient établis.

3410 Apriès est appelé dans l'Ecriture Pharaon-Ephrée ou Ophra : il s'empara de Sidon, de la Phénicie et de la Palestine. Sédécias, roi de Juda, ayant fait alliance avec lui, voulut secouer le joug du roi de Babylone ; celui-ci vint assiéger Jérusalem. Apriès vint au secours de cette ville ; mais, n'osant se mesurer avec les forces de Nabuchodonosor, il retourna en Egypte. Quelque temps après, une guerre malheureuse qu'il entreprit excita une révolte parmi ses sujets. Amasis fut reconnu roi par les rebelles. Dans le même temps Nabuchodonosor, roi de Babylone, profitant des troubles de l'Egypte, y entra pour la ravager. Ce pays fut tellement désolé qu'il put à peine se rétablir dans l'espace de quarante ans. Le vainqueur laissa la couronne à Amasis, qui vainquit Apriès et le fit étrangler dans son palais.

3435 Amasis eut un règne heureux et paisible ; il gouverna avec beaucoup de sagesse et sut se concilier le respect de ses peuples, malgré l'obscurité de sa naissance. Sous son règne, Pythagore vint en Egypte ; c'est là qu'il puisa la doctrine de la métempsycose. Amasis voulut secouer le joug que Cyrus lui avait imposé. Cambyse, roi de Perse, lui déclara la guerre; mais, Amasis étant mort, elle fut soutenue par son fils.

Psamménit fut vaincu dans une bataille ; poursuivi jusque dans Memphis, il tomba au pouvoir du vainqueur, qui le traita généreusement. Cambyse, ayant appris que ce prince prenait des mesures pour remonter sur le trône, le fit mourir. Avec lui finit la première monarchie égyptienne.

Seconde époque.

3479 L'Egypte eut beaucoup à souffrir sous le règne cruel de Cambyse. Les Egyptiens se ré-
3544 voltèrent sous le règne de Darius et ensuite sous Artaxerxe-Longue-Main. Ils prirent Inarus, prince Lybien, pour leur roi. Achéménide, frère du roi de Perse, envoyé par lui pour soumettre les rebelles, fut battu et perdit la vie. Deux ans après, Artaxerxe envoya de nouvelles troupes, qui furent victorieuses, malgré le secours que les Athéniens avaient donné aux Egyptiens. L'Egypte se soumit et Inarus tomba au pouvoir des Perses; il fut livré à Amestris, mère du roi, qui lui fit subir une mort cruelle, pour venger celle de son fils Achéménide. L'Egypte

Ans. secoua de nouveau le joug sous le règne de Darius-Nothus.

3627 Acoris régnait dans ce pays, lorsqu'Artaxerxe-Mnémon résolut de le réduire ; il fut secondé par les Grecs que commandait Iphicrate, célèbre Athénien. Acoris venait de mourir. Psammuthis ne régna qu'un an. Après lui vint Néphérite, et quatre mois après Nectanébus monta sur le trône : il le conserva pendant plusieurs années. L'expédition des Perses fut malheureuse et ils se virent contraints d'abandonner l'Egypte. Ils l'attaquèrent de nouveau sous le règne de Thachos ; celui-ci rechercha l'alliance des Lacédémoniens ; le roi Agésilas se joignit à lui, ainsi que Chabrias, général athénien. Le roi de Sparte, mécontent des procédés de Thachos à son égard, prit le parti de Nectanébus qui lui disputait le trône. L'Egypte se vit alors troublée par les divisions ; elle demeura au pouvoir de Nectanébus. Ochus, successeur d'Artaxerxe, entreprit une nouvelle guerre contre l'Egypte. Nectanébus chercha des alliés; mais il n'en tira aucun secours, et se voyant hors d'état de se défendre, il se retira en Ethiopie d'où il ne revint jamais. Ochus, après avoir achevé la conquête de l'Egypte, la réduisit en satrapie du royaume de Perse. Alexandre, roi de Macédoine, la réunit à ses

3641

Ans. aùtres conquêtes, sans livrer un seul combat. Il fit bâtir Alexandrie, qui devint la capitale de l'Egypte. Après la mort d'Alexandre, ce pays devint le partage de Ptolémée-Soter. Ici com-
3703 mence la dynastie des Lagides.

Troisième époque.

Ptolémée-Soter (c'est-à-dire Sauveur) fils de Lagus, prit le titre de roi et régna vingt ans sur l'Egypte qu'il possédait depuis la mort d'A-
3719 lexandre. Il céda ensuite la couronne à son fils, Ptolémée-Philadelphe. Ce prince fit construire le phare d'Alexandrie, ainsi qu'un temple magnifique, nommé le Sérapéon, en l'honneur du Dieu Sérapis. Il augmenta la célèbre bibliothèque d'Alexandrie, fondée par son père, et y fit placer la bible, traduite de l'hébreu en grec; c'est ce qu'on appelle la *Version des Septante*, parce que soixante-douze juifs avaient été employés à ce travail. Ptolémée, non content de favoriser les arts et les sciences, rendit le commerce de l'Egypte florissant. Enfin, après un règne glorieux, il transmit la couronne à Ptolémée-Ever-
3758 gète, son fils. Le nouveau roi se rendit maître de la Syrie, et enrichit l'Egypte des dépouilles de cette contrée; les peuples reconnaissans lui donnèrent le surnom d'Evergète, qui veut dire

bienfaiteur. Bérénice, sa femme, pour accomplir un vœu qu'elle avait fait, consacra aux Dieux sa chevelure, qui fut déposée dans un temple de Chypre. Ces cheveux ayant disparu, Conon de Samos, mathématicien, fit croire qu'ils avaient été transportés dans le ciel et qu'ils formaient une constellation, qui fut connue depuis sous le nom de Chevelure de Bérénice. Ce fut sous le règne de Ptolémée-Evergète que Cléomène, roi de Sparte, vint chercher un asile en Egypte.

3778 Ptolémée-Philopator monta sur le trône; il n'imita pas la conduite de ses prédécesseurs. Ce prince abrégea ses jours par les excès auxquels il se livra. L'infortuné Cléomène ne trouva pas auprès de lui la protection que lui avait accordée son père, et termina misérablement ses jours.

3800 Ptolémée-Epiphane succéda à son père, d'abord sous la tutelle de Sosibe, fils de celui qui avait gouverné sous les trois derniers règnes. Les Romains se déclarèrent ensuite tuteurs du jeune prince. Dans les premières années de son règne, il s'attira l'estime et l'affection de ses peuples; mais les flatteries des courtisans changèrent son 3821 caractère, et bientôt il traita ses sujets avec la cruauté d'un tyran. Il mourut, empoisonné par les grands de sa cour. Il avait épousé Cléopâtre,

Ans. fille d'Antiochus, roi de Syrie; il en eut un fils, nommé Ptolémée-Philométor, qui lui succéda, sous la tutelle de sa mère. Etant devenu majeur, il déclara la guerre à Antiochus-Epiphane, roi de Syrie, son oncle : il fut vaincu, l'Egypte envahie, et lui-même fut pris ou se livra entre les mains du vainqueur, qui ne voulut pas le re-
3835 tenir prisonnier. Les habitans d'Alexandrie le déclarèrent néanmoins déchu de la couronne, et placèrent sur le trône, son jeune frère Ptolémée-Physcon. Antiochus, en apprenant cette nouvelle, voulut se rendre maître absolu de l'Egypte et marcha vers Alexandrie. Le nouveau roi et sa sœur Cléopâtre implorèrent le secours des Romains; un accommodement, conclu entre les deux frères, mit fin à la guerre, et la médiation des Romains arrêta les projets ambitieux d'Antiochus sur l'Egypte. Les deux frères s'étant brouillés, Physcon chassa Philométor, qui se rendit à Rome pour implorer la protection du sénat. Un partage fut arrêté : l'Egypte échut à Philométor, Phsycon, mécontent de la part qui lui restait, voulut y ajouter l'île de Chypre. La guerre s'alluma de nouveau; Physcon fut vaincu. Son frère lui pardonna généreusement et lui rendit ses états, en le dédommageant de
3859 la perte de l'île de Chypre. Après la mort de

Ans. Philométor, Cléopâtre, sa veuve, épousa Physcon à condition que son fils serait héritier de la couronne; mais, le jour même de ses noces, Physcon tua le jeune prince, entre les bras de sa mère. Ce meurtre fut le prélude de la détestable conduite de ce roi, qui s'attira le mépris et la haine de ses peuples au dernier degré. Il fut obligé de se réfugier en Chypre avec Cléopâtre, fille de Philométor et de Cléopâtre qu'il avait répudiée. Cette princesse fut reconnue reine à Alexandrie. A cette nouvelle, Physcon leva des troupes, fit mourir son fils Memphitis, qu'il avait eu d'elle, le fit couper par morceaux et lui envoya ces restes affreux. La guerre éclata aussitôt; les troupes du roi furent victorieuses. Cléopâtre, réduite à l'extrémité, s'embarqua avec toutes ses richesses et se réfugia en Syrie. Ptolémée-Physcon termina enfin un règne, qui
3887 n'avait été qu'un tissu de crimes. Ptolémée-Lathyre, qu'il avait eu de la seconde Cléopâtre, lui succéda. Ce prince fut chassé de l'Egypte par sa mère; elle plaça sur le trône Alexandre,
3897 son frère cadet, qui possédait déjà l'île de Chypre: cet apanage fut donné à Lathyre. Cléopâtre, voulant régner seule, résolut de se défaire d'Alexandre, son fils. Il la prévint et la fit
3915 mourir. Ce crime le rendit odieux; il fut chassé

et Lathyre remonta sur le trône. Peu après, une révolte arriva dans la Haute-Egypte : les rebelles vaincus se retirèrent à Thèbes. Cette ville ne se rendit qu'après un siége de trois ans ; elle fut presqu'entièrement ruinée. Lathyre laissa le trône à sa fille Bérénice, appelée Cléopâtre, selon l'usage de l'Egypte : elle ne régna pas long-temps. Alexandre, son cousin, qu'elle avait épousé, la fit mourir, dix-neuf jours après son mariage. Ce prince fut chassé par les habitans d'Alexandrie qui appelèrent sur le trône Ptolémée-Aulète, fils de Ptolémée-Lathyre. Alexandre se retira dans la ville de Tyr, où il mourut quelque temps après. Il fit le peuple romain son héritier. En vertu de ce testament, quelques années après, la république s'empara de l'île de Chypre. Ptolémée-Aulète régnait en Egypte; chassé du trône, il sut y remonter avec le secours d'une armée romaine dont il avait gagné le général. Il fit mourir sa fille Bérénice qui avait gouverné pendant son absence et acheva paisiblement son règne. Il transmit la couronne à Ptolémée, son fils, âgé de 13 ans et à sa fille Cléopâtre, qui en avait 17. Le peuple romain nomma Pompée tuteur du jeune roi. Ptolémée dépouilla sa sœur de sa part de la souveraineté. Dans le même temps, Pompée, vaincu

par César à la bataille de Pharsale, alla chercher
un asile en Egypte; mais le roi, oubliant ce que
la reconnaissance exigeait de lui, le fit tuer
lorsqu'il touchait au rivage. César arriva bientôt, et s'établit juge entre Ptolémée et Cléopâtre; cette princesse sut le rendre favorable à sa
cause : son frère voulut soutenir ses droits par
la voie des armes, elles ne furent pas heureuses
pour lui. Un dernier combat lui arracha le
trône et la vie; il se noya dans le Nil, en voulant se sauver. Cléopâtre et son jeune frère furent couronnés par le vainqueur. Quelque temps
après, la princesse, qui voulait régner seule, se
défit de son frère par le poison. Dans la suite
cette reine ambitieuse et perfide causa les malheurs d'Antoine, rival d'Octave; il se retira
près d'elle, après la bataille d'Actium, et sur
une fausse nouvelle de la mort de Cléopâtre, il
se perça de son épée. La reine d'Egypte, craignant de servir au triomphe du vainqueur, se
fit piquer par un aspic. Avec elle finit le royaume
d'Egypte, qui devint une province romaine.

HISTOIRE

DE

BABYLONE ET D'ASSYRIE.

L'histoire de Babylone et d'Assyrie ne nous présente d'abord que des récits appuyés sur des fables. Chaque historien les raconte différemment, et les noms des rois, traduits en diverses langues, ne servent qu'à augmenter l'erreur. Voici cependant ce qu'on croit de plus certain.

1800   Nembrod ou Nemrod est le même que Bélus, qui, dans la suite, fut adoré sous ce nom, comme une divinité. Il était fils de Chus, petit-fils de Cham et arrière-petit-fils de Noé. *C'était*, dit l'Ecriture, *un violent chasseur devant le Seigneur.* La ville capitale de son royaume était Babylone. De ce pays, il passa dans celui qui est appelé Assyrie, et y bâtit Ninive, du nom de son fils Ninus. Ce prince, plein de vénération pour son père, voulut que ceux qui

Ans. l'avaient eu pour roi, l'adorassent comme leur Seigneur. Ninus fut guerrier comme son père : il soumit à son sceptre une grande partie de l'Asie. Sémiramis, qu'il avait épousée le seconda dans la guerre, et fut nommée tutrice du jeune Nynias. Elle sut maintenir les conquêtes de Ninus, en fit même d'autres et les poussa jusqu'aux Indes. Ninive et Babylone furent ornées d'ouvrages magnifiques ; cette dernière ville devint la merveille du monde. Nynias, successeur de Sémiramis et de Ninus, loin d'imiter leur conduite, laissa le gouvernement des provinces à ses ministres, et se retira dans son palais pour y vivre dans la mollesse. Ses successeurs, pendant trente générations, imitèrent son exemple : leur histoire nous est inconnue. Phul

3233 régna ensuite ; on croit que ce prince est celui qui fit pénitence à la prédication de Jonas. Sardanapale, qu'on croit fils de Phul, surpassa tous ses prédécesseurs en luxe, en mollesse, en lâcheté. Il faisait consister son bonheur et sa gloire à posséder des trésors immenses, à être toujours dans les festins et à se livrer à toutes sortes de plaisirs. Cette indigne conduite attira la ruine du premier empire des Assyriens.

3257 Les Mèdes et les Babyloniens secouèrent le joug et formèrent un royaume particulier. Bé-

Ans. lésis fut fondateur de celui de Babylone : ce prince est le même que Nabonassar, du règne duquel commence, à Babylone, une fameuse époque astronomique, appelée l'ère de Nabonassar. Arbace, chef des Mèdes, leur rendit la liberté. Mérodach-Baladan, successeur de Bélésis, envoya des ambassadeurs au saint roi Ezéchias, pour le féliciter de sa guérison miraculeuse. L'histoire de ses successeurs est absolument inconnue.

3257 Cependant Théglathphalasar régnait sur les débris de l'empire d'Assyrie; ses conquêtes, sur les rois de Syrie, d'Israël et de Juda, agrandissaient cette monarchie redoutable. Salmanasar son fils mit le siége devant Samarie, s'en
3276 empara, ruina le trône d'Israël, et conduisit le peuple captif à Ninive. Sennachérib, qui lui succéda, ravagea la Judée, sous le règne d'Ezéchias,
3287 marcha contre Jérusalem, et, déjà sûr de cette conquête, il éprouva la colère de Dieu : cent quatre-vingt-cinq mille hommes de son armée périrent, frappés de l'Ange exterminateur. L'Egypte avait déjà éprouvé la fureur de l'Assyrien, qui l'avait ravagée, après une victoire remportée sur Tharaca que les Juifs avaient appelé à leur secours.

De retour à Ninive, il traita ses sujets d'une manière cruelle et tyrannique, et mourut assas-

Ans. siné par deux de ses fils. Asarhaddon, le seul
3294 qui n'eût pas trempé ses mains dans le sang de son père, lui succéda et assujétit à sa puissance le royaume de Babylone dont les troubles lui facilitèrent la conquête. Il soumit ensuite la Syrie et la Palestine, subjugua la Judée, et emmena le roi Manassé captif à Babylone. Dieu, touché du repentir de ce prince, lui rendit la liberté.
3335 Ninive vit encore s'accroître sa puissance, sous le règne de Saosduchin, qu'on dit être le même que Nabuchodonosor du livre de Judith. Il aspirait à la conquête du monde entier. Les Mèdes furent vaincus et les peuples voisins de l'Assyrie subjugués ; mais les Israélites menacés furent sauvés par Judith. Saracus ou Chynaladanus, successeur de Saosduchin, se rendit méprisable à ses sujets par ses vices et sa mollesse. A peine assis sur le trône il eut une guerre à soutenir contre Nabopolassar, général de ses armées : celui-ci, pour soutenir sa révolte, fit alliance avec Cyaxare, roi des Mèdes. Saracus, vaincu de tous côtés, fut assiégé dans Ninive :
3378 la ville fut prise et le roi trouva la mort. Les vainqueurs égorgèrent et mirent dans les fers les malheureux habitans de Ninive. Cette ville infortunée, renversée de fond en comble, devint un désert si abandonné que peu de siècles après

on ne pouvait plus reconnaître la place qu'elle avait occupée, Babylone s'éleva sur ses ruines et devint la reine de l'Asie. Nabopolassar y fixa sa demeure.

Les rois d'Egypte, jaloux de sa puissance, attaquèrent le roi : il laissa le soin de sa vengeance à Nabuchodonosor, son fils, qu'il associa au trône. Ce jeune prince contraignit Néchao à s'enfuir en Egypte. La Syrie et la Palestine subirent le joug du vainqueur. Bientôt après la mort de Nabopolassar rendit Nabuchodonosor maître de l'empire. Sédécias, roi de Juda, ayant voulu se soustraire à la domination de ce puissant monarque, Jérusalem fut prise, les trésors du temple pillés et le peuple mené captif à Babylone. La ville de Tyr, florissante par son commerce et la richesse de ses habitans, tenta la cupidité de Nabuchodonosor, qui la prit, après treize ans de siége. De là ses armes victorieuses ravagèrent l'Egypte et en pillèrent les villes principales. Au retour de ces expéditions, la paix dont il jouit lui permit de travailler à l'embellissement de Babylone. Bientôt les quais, les ponts, les cent tours s'élevèrent avec les fameuses murailles et les jardins suspendus. (Quelques historiens attribuent la plupart de ces ouvrages à Sémiramis). Enfin ce prince, l'un des plus illustres de l'Orient, mourut, après quarante-trois ans de règne. L'Ecriture sainte nous apprend le songe mystérieux, qui lui fut expliqué par Daniel, sa métamorphose étonnante et le miracle des trois jeunes Israélites, jetés dans la fournaise ; il suffit de rappeler ici ces événemens. Evilmérodach ne régna que deux ans. A son avènement au trône, il délivra le roi Jéchonias, retenu captif depuis trente-sept ans. Le prophète Daniel se rendit encore illustre sous son règne. Ce prince se rendit odieux par ses crimes, et il trouva des assassins dans sa propre famille. Néréglissor, son beau-frère, chef des conjurés, régna après lui. Il voulut entreprendre des conquêtes ; mais Cyaxare, roi des Mèdes, mit Cyrus, son neveu, à la tête de ses troupes, et le roi de Babylone périt dans le premier combat qui se livra entre ces deux peuples. Laborosoarchod, par sa conduite criminelle, précipita la ruine de Babylone. Lassés de ses vices, ses sujets le firent périr, après neuf mois de règne. Balthasar ou Labynit, fils d'Evilmérodach, devint son successeur. Nitocris sa mère, princesse d'un grand mérite, fit de grands ouvrages à Babylone. Son tombeau, qu'elle avait fait construire, était placé au-dessus d'une des principales portes de la ville. Crésus, roi de

Lydie, avait formé avec les Babyloniens une puissante ligue contre la Médie ; mais, vaincu à Thymbrée par le jeune Cyrus, il ne dut la vie qu'à la générosité du vainqueur. Le prince victorieux s'avança vers Babylone et dressa ses machines. Les habitans se croyaient à l'abri de toute attaque, protégés par leurs remparts et leurs portes d'airain. Cyrus détourna le cours de l'Euphrate, et entra dans la nuit, au milieu de la ville ; il la trouva plongée dans les désordres d'une fête. On courut au palais de Balthasar, qui, l'épée à la main, voulait encore se défendre ; il fut tué avec les siens, selon l'arrêt que Dieu avait prononcé contre lui. Ainsi s'éteignit cette puissance formidable, dont le commencement remontait au déluge.

HISTOIRE DE PERSE.

L'histoire de Perse, obscure dans les premiers temps, remonte, dit-on, jusqu'à Elam, fils de Sem, qui donna son nom à ces peuples, longtemps appelés Elamites. Cette nation ne commença à paraître avec éclat qu'au règne de Cyrus, fils de Cambyse. Ce prince, par son mariage avec Mandane, fille de Cyaxare, dernier roi des Mèdes,
3466 réunit sur sa tête les deux couronnes de Perse et de Médie. Cyrus, vainqueur des Assyriens, soumit presque toute l'Asie à son sceptre. La première année de son règne, il permit aux Juifs, captifs à Babylone, de retourner en Judée.
3475 Cambyse lui succéda et agrandit cette monarchie redoutable. Ce prince subjugua l'Egypte, tenta vainement la conquête de l'Ethiopie, et mourut, comme il retournait en Perse pour étouffer la conspiration de Smerdis le mage, qui se di-
3482 sait le vrai Smerdis, assassiné par les ordres de Cambyse. Cet imposteur trompa quelque temps

Ans.	le peuple ; mais enfin sept seigneurs se liguèrent
3483	contre lui et le firent périr. Darius, fils d'Hystaspe, l'un d'eux, monta sur le trône ; il le dut à l'adresse d'Ecarès, son écuyer. Ce prince montra beaucoup de sagesse et de modération dans le gouvernement de ses états. Il soumit la ville de Babylone, qui s'était révoltée. Il fit ensuite de grands préparatifs de guerre contre les Scythes ; mais cette expédition fut malheureuse.
3500	Les Athéniens, prirent part à la révolte des Ioniens et à l'incendie de Sardes : Darius, pour se venger, se rendit le protecteur d'Hippias, qui avait été chassé d'Athènes, et commença cette longue guerre que les Grecs eurent à soutenir contre les Perses. L'armée formidable qu'il envoya en Grèce fut vaincue à Marathon, par dix
3511	mille Athéniens, que commandait Miltiade. Xerxès, poursuivant les projets de vengeance de Darius, son père, marcha lui-même vers la Grèce, à la tête de plus de 3,000,000 d'hommes ; pour faciliter le passage de l'Hellespont, il fit construire un pont de bateaux. Arrivé aux frontières
3524	de Thessalie, il perdit vingt mille hommes au défilé des Termopyles. Poursuivant son chemin, il trouva Athènes déserte, et la brûla ; mais les Athéniens, retirés sur leurs vaisseaux, vengèrent à Salamine l'incendie de leurs maisons et le ra-

Ans. vage de leur pays. La même année, Xerxès perdit encore la bataille de Platée et celle de Mycale en Asie, et se vit obligé de renoncer à la conquête de la Grèce. Il se retira en Perse, après avoir fait détruire le temple de Bélus à Babylone. Il se livra ensuite à ses plaisirs, et s'attira le mépris de ses peuples. Artabane, capitaine de ses gardes, conspira contre lui et le poignarda dans son palais. Il rejeta ce crime sur Darius, fils aîné du roi, qui devait lui succéder. Ce jeune
3631 prince mourut assassiné: mais Artaxerxe-Longue-Main vengea leur mort sur Artabane et ses complices. Ce prince eut un règne long et paisible. Il donna un asile à Thémistocle, illustre Athénien. La guerre contre les Grecs se ralluma bientôt; elle ne fut pas heureuse pour Artaxerxe, qui vit sa fierté abaissée par les victoires de l'athénien Cimon. Il tourna ensuite ses armes vers l'Egypte pour appaiser une révolte; il y parvint avec peine. Ce prince accorda sa protection aux Juifs, et leur donna un édit célèbre, par lequel il permettait de rebâtir les murs de
3579 Jérusalem. A sa mort, la Perse fut troublée par les discussions de ses enfans. Xerxès l'aîné fut assassiné par son frère Sogdien, au bout de quarante-cinq jours de règne. Celui-ci, après un règne de quelques mois, fut vaincu par Ochus,

Ans. et périt dans le supplice de la cendre. Ce troi-
3581 sième fils d'Artaxerxe monta sur le trône et prit le nom de Darius-Nothus. Les Egyptiens et les Mèdes lui mirent souvent les armes à la main,
3600 par leurs continuelles révoltes. Artaxerxe-Mnémon lui succéda, malgré les efforts de Parysatis, sa mère, qui voulait mettre sur le trône le jeune Cyrus. Celui-ci, dévoré d'ambition, après avoir tenté de poignarder son frère, se révolta ouvertement contre lui.

Treize mille Grecs suivirent ses drapeaux ; mais ce prince, vaincu à la bataille de Cunaxa, périt de la main même d'Artaxerxe, et laissa sans secours ceux qui l'avaient suivi. Nous voyons ici cette fameuse retraite des dix mille, si vantée dans l'histoire ; elle fut exécutée par Xénophon. Artaxerxe eut un règne heureux et paisible ; mais il en vit la fin troublée par les révoltes et les crimes de ses enfans, qui périrent victimes de leur ambition. Ochus, le plus cruel d'entre eux, acheta la couronne par le meurtre de ses frères.
3643 Ce nouveau crime abrégea les jours d'Artaxerxe.

La Perse, sous le règne d'Ochus, se vit inondée de sang. Il fit, en un même jour, massacrer cent princes de sa famille. Tous ses parens, et les premiers du royaume furent sacrifiés à sa barbarie.

Ans.

3666

3668

3674

Les peuples se révoltèrent, il les soumit et appaisa de même les troubles de l'Egypte, qu'il réduisit en satrapie. Il mourut empoisonné par l'eunuque Bagoas. Celui-ci éleva sur le trône Arsès, le plus jeune des fils d'Ochus, et se réserva toute l'autorité; mais, s'apercevant que le jeune roi prenait des mesures contre lui, il le prévint et le fit mourir avec toute sa famille. Il mit ensuite la couronne sur la tête de Darius-Codoman. Ce prince infortuné monta sur le trône la même année qu'Alexandre, roi de Macédoine. Il essaya vainement de lutter contre lui. Ses troupes, commandées par Memnon, furent vaincues sur les bords du Granique. Il éprouva une seconde défaite à Issus, où sa famille tomba au pouvoir du vainqueur, qui la traita avec générosité. Darius fugitif rassembla une troisième fois ses troupes, et Arbelles fut témoin des nouveaux succès d'Alexandre. Le roi de Perse, victime d'une odieuse trahison, fut assassiné par le satrape Bessus. Sa mort fut vengée. Alexandre, possesseur de ce vaste empire, le réunit à ses autres conquêtes. Ainsi s'éteignit cette puissance formidable, qui, sous Cyrus et ses premiers successeurs, avait donné des lois à l'Asie et souvent fait trembler l'Europe.

HISTOIRE DE LA GRÈCE.

La Grèce, ce pays si célèbre, où les arts et les sciences ont été portés au plus haut degré de perfection, fut, dit-on, peuplé par Javan, petit-fils de Noé. Cette contrée avait pour limites : au nord, l'Illyrie et la Thrace; au levant, la mer Egée ou Archipel ; au midi, la Méditerranée, et au couchant, la mer Ionienne.

Elle se divisait en plusieurs provinces, qui formaient autant d'états différens ; savoir : l'Epire et la Thessalie que séparait une chaîne de montagnes; la Macédoine, la Grèce, proprement dite, où se trouvaient : la Phocide, la Béotie, l'Attique, la Locride, l'Etolie, la Doride; la presqu'île du Péloponèse où étaient situées : l'Achaïe, l'Elide, la Messénie, l'Arcadie, la Laconie, l'Argolide.

Les principales îles de la Grèce sont : Salamine, célèbre par une victoire remportée sur les Perses; Délos, patrie d'Apollon ; Paros, d'où était tiré le plus beau marbre; l'Eubée, maintenant Négrepont, dont la capitale était Chalcis ; Samothrace, célèbre par les mystères qui s'y célébraient ; Crète, appelée aujourd'hui Candie, remarquable par son fameux labyrinthe.

L'histoire grecque peut se diviser en quatre époques principales. La première, qui contient ce que les temps héroïques ou fabuleux ont de plus beau, nous présente : la fondation des principales villes grecques, leur histoire primitive, les expéditions si renommées dans la fable : celle des Argonautes, la guerre de Thèbes, le siége de Troie, avec les noms de tous ces héros ou demi-dieux, chantés par Homère et célébrés dans toutes les poésies profanes.

La seconde époque nous offre des récits plus vrais : elle montre Athènes et Sparte, s'élevant au milieu des villes grecques pour leur donner des lois. Nous y voyons Lycurgue, traçant le gouvernement et les mœurs austères de Sparte; la guerre de Messénie, soutenue par Lacédémone. Dracon dictant des lois sanguinaires à Athènes, et Solon chargé de donner à cette même ville une forme de gouvernement plus conforme au caractère de ses habitans. Le banquet des sept sages, le gouvernement de Pisistrate et de ses enfans nous amènent au commencement de la troisième époque.

Ans. Cette époque nous apprend l'histoire des temps brillans de la Grèce : la guerre fameuse des Perses et des Grecs, celle du Péloponèse, la gloire de Thèbes, l'histoire de Philippe et celle d'Alexandre. Ces grands événemens font revivre par leur souvenir la gloire du pays qui en fut le théâtre. Le siècle de Périclès suffirait seul pour l'immortaliser.

La quatrième époque est le temps de la décadence des Grecs : nous voyons la Grèce, asservie par les généraux d'Alexandre, lutter avec peine contre ses nouveaux maîtres ; la ligue Achéenne fait revivre un instant les beaux temps de la Grèce, et succombe enfin avec le royaume de Macédoine, sous la puissance des Romains.

Première époque.

Les Grecs, long-temps appelés Hellènes, du nom d'Hellen, fils de Deucalion, vécurent d'abord comme des sauvages. On dit qu'ils broutaient l'herbe dans les champs, comme de vils animaux, et qu'ils accordèrent les honneurs divins à celui qui le premier leur apprit à se nourrir de glands. Des colonies égyptiennes et phéniciennes vinrent civiliser ce beau pays.

1015 Le plus ancien des royaumes de la Grèce est celui de Sicyone. On croit qu'il dura environ mille ans.

2148 Argos fut fondée par Inachus, venu d'Egypte; plusieurs rois lui succédèrent. Un de ses descendans s'établit à Mycène, et laissa ce royaume à sa postérité.

2448 Cécrops, originaire de Saïs, en Egypte, se dirigea vers l'Attique et fonda le royaume d'Athènes: il le divisa en douze cantons. Ce fut lui qui établit l'Aréopage. Du temps de Cranaüs, son successeur, arriva le déluge de Deucalion, en Thessalie. Amphictyon, troisième roi d'Athènes, forma une confédération de douze peuples de la Grèce qui s'assemblaient deux fois l'an, aux Thermopyles, pour y délibérer ensemble sur leurs affaires. Elle fut nommée l'*Assemblée des Amphyctions*. Erechtée, Egée, Thésée régnèrent ensuite : ce dernier roi réunit les douze bourgs, bâtis par Cécrops, et n'en fit qu'une ville, où toute l'autorité fut réunie. Codrus fut le dernier roi d'Athènes. Il se dévoua

2934 à la mort pour son peuple. Après lui la royauté fut abolie par les Athéniens. Ils établirent des magistrats, nommés Archontes, pour les gouverner. Médon, fils de Codrus, fut le premier revêtu de cette charge : elle fut d'abord pour la vie, ensuite réduite à dix ans, puis elle devint annuelle.

2549 Cadmus était phénicien : il fonda la ville de

Ans. Thèbes, en Béotie, la citadelle fut appelée de son nom Cadmée.

Lelex est regardé comme le premier roi de Sparte. Tyndare parut ensuite ; les noms de ses enfans, Castor et Pollux, Hélène et Clytemnestre, sont connus dans la fable. Environ 80 ans après la prise de Troie, les Héraclides, chassés de Mycènes, se rendirent maîtres de Lacédémone, et depuis, le sceptre demeura toujours à leurs descendans.

2628   Corinthe fut d'abord soumise aux rois d'Argos et de Mycènes ; elle passa ensuite sous la domination de différens maîtres ; enfin elle fut gouvernée par Périandre, compté au nombre des sages de la Grèce.

Caranus fut, dit-on, le fondateur du royaume de Macédoine dont l'histoire est peu connue jusqu'aux règnes de Philippe et d'Alexandre.

2720   La Grèce sortait à peine de la barbarie de ces premiers temps d'ignorance qu'elle commença à compter des héros. Jason, à la tête des Argonautes, ravit à la Colchide la fameuse Toison d'Or. Thésée, Hercule, Orphée, Limnus, Castor, Pollux, Musée et Pirithoüs se firent connaître. Les deux premiers parcoururent l'univers et le remplirent du bruit de leurs exploits.

La guerre de Thèbes, causée par la haine

d'Etéocle et de Polinice, fils d'Œdipe, ren-
Ans. dirent célèbres les noms de Tydée, Capanée, Amphiaraüs, Hyppomédon, Parthénopée, Adraste, armés en faveur de Polinice. Ces héros sont appelés les sept preux devant Thèbes.

2680 Peu après la guerre de Troie fit briller la valeur des princes Grecs, réunis pour venger l'affront fait à Ménélas, roi de Sparte. Agamemnon, roi de Mycènes ; Ulysse, roi d'Ithaque ; Nestor, roi de Pylos ; Ajax, de Salamine ; Ajax, roi des Locriens ; Diomède, d'Argos et Sténélus ; Idoménée de Crète et Mérion ; Achille, fils de Pélée et Patrocle son ami, sont les plus illustres. Parmi les Troyens se distinguaient : Hector, fils de Priam, Pâris, Sarpédon, fils de Jupiter ; Enée, fils d'Anchise ; Pentésillée, reine des Amazones.

2820 Avec la prise de Troie se termine la première époque de l'histoire grecque.

Seconde époque.

Athènes et Sparte devinrent bientôt les plus puissantes villes de la Grèce : leur rivalité causa des guerres funestes dont leurs ennemis surent profiter. Donnons d'abord une idée de leur gouvernement et de leurs mœurs.

32ᵉ siècle. Sparte devait ses lois à Lycurgue, prince de la famille royale. Ce législateur bannit l'or de de Lacédémone ; le fer devint la monnaie courante. Les arts qui font naître le luxe, furent exclus. Les Spartiates, élevés dans l'amour de leur patrie et le mépris de la mort, avaient pour devise : *Vaincre ou mourir*. La nature était souvent muette en eux ; les femmes même méconnaissaient sa voix. *Votre fils est mort, en combattant pour sa patrie*, disait-on à l'une d'entre elles. *Je ne l'avais mis au monde que pour cela*, répondit-elle froidement. Les malheureux enfans qui naissaient avec quelque difformité ou qui semblaient faibles et délicats, étaient condamnés à périr. Pour accoutumer la jeunesse à braver les douleurs, on fouettait cruellement les enfans ; quelques-uns même en mourraient sous les yeux de leurs parens qu'une larme aurait déshonorés. Le respect pour les vieillards était fort recommandé aux jeunes gens.

La profession des armes était celle des habitans de Lacédémone ; ils y étaient formés dès leurs premières années par la discipline sévère à laquelle ils étaient soumis. L'obéissance était la première vertu qu'on leur enseignait; les défauts et les faiblesses de l'enfance étaient promptement corrigés. Les Spartiates mangeaient en public ; les rois eux-mêmes étaient soumis à cette loi. La précision de leurs paroles est devenue fameuse. *Si j'entre en Laconie, je ravagerai tout*, leur écrivait Philippe. *Si*, répondirent-ils. La tempérance et l'amour de la gloire formaient le caractère de ce peuple dont la célébrité dure encore aujourd'hui. Les biens étaient partagés en portions égales pour les neuf mille citoyens de Sparte. Les esclaves ou Ilotes étaient chargés de la culture des terres. Deux rois régnaient conjointement à Sparte ; mais leur autorité était bornée ; ils n'avaient de pouvoir que pour faire exécuter les lois. Un sénat, composé de vingt-huit sénateurs, dont les rois étaient présidens gouvernait avec eux. Dans la suite, cinq magistrats, nommés Ephores, tirés du peuple, étendirent leur pouvoir ur les princes mêmes qu'ils avaient droit de faire arrêter.

Athènes, non moins fameuse que Sparte, devint l'école de la Grèce. On y allait s'instruire de la philosophie. Les arts et les sciences y furent portés au plus haut degré de perfection. Les plus fameux sculpteurs, les peintres les plus habiles ornèrent cette ville de chef-d'œuvres. Si l'on ne considère que les vertus, le courage des Athéniens, leur amour pour les arts et les sciences, on ne peut leur refuser un tribut d'admiration ; mais, d'un autre côté, les vices, la légèreté, la cruauté même de ce peuple étonnent, et l'on serait tenté de croire qu'ils ne furent pas même des hommes. Un écrivain célèbre les représente passant leurs journées sur la place publique, dans les boutiques d'orfèvres et de parfumeurs ; ils s'entretenaient des affaires du temps ou s'occupaient à tourner en ridicule leurs concitoyens : applaudissant aujourd'hui et demain condamnant au supplice ; ils élevaient ensuite des autels à ceux qui avaient péri comme des malfaiteurs. C'est ainsi que furent traités leurs plus grands capitaines.

Nous avons vu que les Athéniens avaient été gouvernés d'abord par des rois. Après la mort de Codrus, Jupiter fut déclaré seul roi d'Athènes, et des magistrats, nommés Archontes, furent choisis pour gouverner. Leur autorité, mal affermie, ne pouvant réprimer les factions et les querelles qui renaissaient chaque jour, les Athéniens choisirent Dracon, personnage d'une sagesse et d'une probité reconnues, pour leur donner des lois. Ils eurent lieu de se repentir du choix qu'ils avaient fait ; car les lois qu'ils reçurent, étaient d'une telle rigueur qu'on les disait écrites avec du sang : elles furent mal exé-

Ans. cutées. Pour prévenir de nouveaux désordres,
3400 Solon, un des sept sages de la Grèce, fut nommé archonte et législateur d'Athènes. Le gouvernement démocratique, déjà établi, fut maintenu. Un conseil de quatre cents hommes fut créé pour examiner toutes les affaires qui devaient être proposées à l'assemblée du peuple. L'Aréopage conserva ses droits et acquit une nouvelle autorité. Chaque citoyen fut obligé d'exercer une profession utile à l'état. Solon, après avoir publié ses lois, entreprit de longs voyages.
3445 Son absence dura dix ans. A son retour, il trouva la ville partagée en trois factions. Pisistrate, l'un des chefs, l'emporta sur ses rivaux et s'empara de l'autorité. Chassé deux fois de l'Attique, il sut y revenir en maître. La douceur de son gouvernement fit oublier son usurpation. Ses deux fils, Hipparque et Hippias,
3478 conservèrent la souveraineté après lui. Un affront, fait en public à une jeune Athénienne, brisa leur pouvoir. Harmodius et Aristogiton assassinèrent Hipparque au milieu même de ses gardes. Ils périrent eux-mêmes à leur tour ; mais
3496 Athènes secoua le joug. Hippias, contraint de fuir, se retira près de Darius, roi de Perse.

En reprenant l'histoire de Lacédémone depuis les lois de Lycurgue, nous voyons la guerre de

Ans.
3291 Messénie, renouvelée jusqu'à trois fois. Après plusieurs combats sanglans, et malgré la valeur de Cléonnis et d'Aristomène, les Messéniens furent assujettis aux Spartiates. Ceux qui ne voulurent pas subir le joug des vainqueurs allèrent s'établir en Sicile, où ils fondèrent la ville qui porte aujourd'hui le nom de Messine.

35ᵉ siècle. Du temps que Solon donnait des lois à Athènes, la Grèce était illustrée par les philosophes connus sous le nom des sept sages.

Thalès de Milet tenait, dit-on, le premier rang parmi eux. Il jeta les fondemens de la philosophie en Grèce, et forma une secte nommée l'Ionique, parce qu'il était d'Ionie. Il s'appliqua à l'astronomie et fixa la durée de l'année solaire parmi les Grecs.

Solon se rendit célèbre par les lois qu'il donna aux Athéniens. Son séjour près de Crésus, roi de Lydie, est devenu fameux par les sages leçons qu'il donna à ce prince.

Chilon était de Sparte. Il mourut de joie, en voyant son fils remporter la victoire aux jeux Olympiques.

Pittacus de Mytilène délivra sa patrie du tyran qui s'en était rendu maître. Dans la suite il donna la victoire à ses concitoyens, en tuant un chef ennemi. Il accepta la souveraineté de

Mytilène qui lui fut offerte. Sa sagesse et sa modération le firent aimer de ses sujets. Au bout de dix ans, il abdiqua volontairement l'autorité.

Bias était de Priène ; il engagea par adresse Alyatte, roi de Lydie à lever le siége de cette ville. Il recommandait de rapporter aux dieux tout le bien qu'on pouvait faire.

Cléobule est peu connu. Il était de Lindus, ville de l'île de Rhodes.

Périandre est compté au nombre des sages, quoiqu'il fut, tyran de Corinthe. C'est lui qui invita tous les sages à se rendre près de lui : le repas qu'il leur donna est ce qu'on appelle le banquet des sept sages.

On ajoute quelques sages à ceux qui viennent d'être nommés, entr'autres : le Scythe Anacharsis, Esope le Phrygien, dont l'histoire est connue, et Myson.

Ici se termine la seconde époque de l'histoire grecque.

Troisième époque.

Darius, à la sollicitation d'Hippias, et pressé d'ailleurs par ses propres intérêts, entreprit de soumettre la Grèce à sa domination. En ce temps Athènes comptait, parmi ses citoyens, trois personnages illustres : Miltiade, Aristide et Thémistocle. Ils soutinrent avec gloire la

Ans.

guerre contre les Perses et conduisirent les Athéniens à la victoire. Leur premier triomphe
3311 fut aux champs de Marathon : avec dix mille hommes, ils vainquirent les trois cent mille Perses que commandaient Datis et Artapherne. Bientôt, en récompense de sa valeur, Miltiade, accusé faussement d'avoir trahi les intérêts de sa patrie, en recevant l'or des Perses, mourut en prison, parce que son bien ne pouvait suffire à payer l'amende à laquelle on l'avait condamné. Aristide, que sa probité avait mis à la tête des affaires, éprouva aussi l'injustice des Athéniens. Thémistocle le fit condamner à l'exil. Les préparatifs de guerre que fit Xerxès contre la Grèce, le firent bientôt rappeler. Le nouveau roi de Perse, poursuivant les projets de vengeance de Darius, son père, réunit toutes les forces de l'empire pour écraser la Grèce. On dit que plus de trois millions d'hommes marchaient sous ses ordres. Ce prince traversa l'Hellespont sur un pont de bateaux, fit, dit-on, percer le mont Athos, et arriva en Thessalie, dont les habitans, livrés à leurs propres forces, se soumirent sans
3524 résistance. Athènes et Sparte, abandonnées de leurs alliés, se virent obligées de soutenir presque seules le poids de la guerre. Léonidas, à la tête de trois cents Spartiates, sut défendre, un

jour entier, le passage des Thermopyles ; vingt mille Perses y trouvèrent la mort. La Grèce reconnaissante fit élever un monument au lieu du combat, avec cette inscription: *Passant, va dire à Lacédémone que nous sommes morts ici pour obéir à ses lois.*

Le jour même du combat des Thermopyles, Thémistocle, qui commandait la flotte grecque, essaya ses forces contre celles des Perses, près d'Artémisium ; le succès fut à peu près égal des deux côtés. Xerxès cependant s'avançait vers l'Attique, brûlant et ravageant tout sur son passage. Les Athéniens, d'après le conseil de Thémistocle, se retirèrent sur leurs vaisseaux ; tous ceux qui ne pouvaient pas combattre se rendirent dans la ville de Trézène, où ils furent traités avec générosité. Les Perses, trouvant Athènes déserte, y mirent le feu. La flotte grecque, commandée par l'Athénien Thémistocle et Eurybiade, roi de Sparte, fut victorieuse à Salamine, malgré la valeur d'Artémise, reine d'Halicarnasse, alliée de Xerxès. Ce prince chercha son salut dans la fuite, et laissa Mardonius avec une forte armée pour obtenir la soumission de la Grèce. Ce général ne put y parvenir par la voie des négociations ; celle des armes procura, l'année suivante, de nouveaux triomphes aux Grecs. Aristide, chef des Athéniens, et Pausa-

nias, roi de Sparte, vainquirent les Perses à
Ans. Platée, tandis que Léothychilde, autre roi de
Sparte, et Xanthippe, Athénien, défaisaient à
Mycale, en Asie, les débris de la flotte persanne.
Xerxès abandonna ses projets sur la Grèce; mais
la guerre dura long-temps encore. Pausanias,
traitre envers sa patrie, fut condamné à mourir
de faim dans le temple de Minerve, où il s'était
réfugié. Thémistocle, en butte aux mêmes ac-
cusations, chercha un asile à la cour d'Artaxerxe-
3533 Longue-Main. Cimon, fils de Miltiade, se rendit
fameux à son tour; il sut abaisser la fierté du
roi de Perse par ses victoires multipliées, entr'autres celles d'Eurymédon et de Chypre.
Une paix, glorieuse pour la Grèce, fut enfin
conclue, l'année de la mort de Cimon.

Périclès parut alors avec éclat : il était illustre
par sa naissance; ses grandes qualités et les leçons
des maîtres les plus célèbres, entr'autres Anaxagore de Clazomène, en firent le héros de son
siècle, qui est un des quatre fameux de l'histoire.
L'éloquence de Périclès lui acquit un grand crédit
parmi le peuple ; sa profonde politique le mit
à la tête des affaires. Bientôt Athènes fut em-
bellie d'un grand nombre d'édifices, parmi lesquels on peut citer : l'Odéon, ou théâtre de mu-
sique, et le temple de Minerve ou le Parthénon.

Le célèbre sculpteur Phidias présidait à ces travaux : lui-même enrichit Athènes de la fameuse statue de Minerve. Périclès joignit Athènes au port du Pirée, déjà fortifié par Thémistocle. Il trouva un rival dans la personne de Thucidide, beau-frère de Cimon ; mais il sortit victorieux de la lutte; et, malgré l'inconstance des Athéniens, il sut conserver l'autorité pendant quarante ans.

3573 Athènes et Sparte, égales en puissance et en ambition, ne tardèrent pas à troubler la Grèce par leur rivalité. La guerre du Péloponèse, dont la durée fut de vingt-sept ans, fut, dit-on, entreprise par le conseil de Périclès. La peste causa de grands ravages dans l'Attique, la seconde et la troisième années de la guerre. Hippocrate, médecin célèbre, se dévoua au service de ses concitoyens. Périclès fut enlevé par la contagion. Le siége de Platée est un des événemens remarquables de cette guerre. Peu après le combat de Sphactérie fut gagné par les Athéniens, ayant à leur tête Cléon, qui s'était emparé de l'autorité, après la mort de Périclès. Le Spartiate Brasidas s'empara ensuite d'Amphipolis, ville importante de Thrace, et les Thébains vainquirent les Athéniens au combat de Délie, où se distingua Socrate.

Alcibiade commençait à paraître dans Athènes.

Il reçut des leçons de Socrate. On trouvait en lui un mélange bizarre de grands vices et d'heureuses qualités. Il engagea les Athéniens à porter la guerre en Sicile, la seizième année de la guerre du Péloponèse. Alcibiade, nommé chef de la flotte avec Nicias et Lamachus, s'empara de la ville de Catane. Bientôt le crédit de ses nombreux ennemis l'obligea de chercher son salut dans une prompte retraite. Nicias demeura seul chef de l'expédition : il tenta vainement la prise de Syracuse ; le Lacédémonien Gylippe la défendit contre ses attaques. L'arrivée de Démosthène, envoyé au secours de Nicias, n'empêcha pas la ruine entière de la flotte et de l'armée ; les deux généraux ne purent trouver grâce auprès des Syracusains.

Cependant Alcibiade s'était retiré à Sparte où il suscitait des ennemis à sa patrie. Il chercha ensuite un asile auprès du satrape Tissapherne, qui l'accueillit avec honneur et le seconda dans les services qu'il essaya de rendre aux Athéniens : ceux-ci le rappelèrent avec empressement, et l'armée le nomma généralissime. La victoire d'Abydos, qu'il obtint sur Mindare, chef des Spartiates, rendit son retour glorieux : mais la faveur du peuple ne fut pas de longue durée. Pendant l'absence d'Alcibiade, la flotte.

Ans. que commandait Antiochus, son lieutenant, fut battue dans le port d'Ephèse par Lysandre, général Lacédémonien. Le vainqueur d'Abydos se vit de nouveau proscrit et fugitif. Peu après les Athéniens, vainqueurs aux Arginuses, souillèrent leur victoire par le meurtre de leurs généraux, qui furent accusés par Théramène, l'un d'eux, d'avoir négligé la sépulture des morts. Socrate, seul dans Athènes, osa prendre leur défense, mais il ne fut point écouté. Conon conserva le commandement; les autres chefs étaient: Protomaque, Thrasybule, Lysias, Aristogène, Aristocrate, Diomédon et le fils de Périclès. Du côté des ennemis, Thrasondas Thébain, partageait le commandement avec Callicradidas, qui trouva la mort. Les Spartiates lui donnèrent pour successeur Lysandre : ce général avait pour maxime qu'*on amusait les enfans avec des osselets et les hommes avec les sermens*. Il parut d'abord redouter la flotte athénienne. Les avis d'Alcibiade ne furent pas écoutés des généraux Tydée, Conon, Ménandre et Philoclès ; ils furent vaincus, presque sans combat, près d'Ægos-Potamos.

3600 Le général victorieux fit voile vers Athènes, tandis qu'Agis et Pausanias l'assiégeaient avec leurs troupes. Cette ville fameuse, privée de toutes ressources, succomba enfin sous la puissance de ses ennemis. Les fortifications du Pirée furent démolies, et trente magistrats, nommés Archontes, furent établis pour la gouverner. Ceux-ci dépeuplèrent Athènes de ce qu'elle comptait de plus illustre : la mort et l'exil servirent tour à tour à leur fureur. Mégare et Thèbes donnèrent asile aux Athéniens proscrits. A leur tête était Thrasybule, homme d'un rare mérite. Lysias, orateur de Syracuse, lui donna quelques troupes. A l'aide de ce faible secours, il marcha vers le Pirée et s'en rendit maître. Les trente furent vaincus ; Cretias, l'un des plus cruels, perdit la vie ; les autres se retirèrent à Eleusis, et peu après furent mis à mort. Athènes, étant délivrée de la tyrannie, ses institutions et ses lois lui furent rendues. Lysandre voulut en vain s'y opposer: Pausanias se ressouvint de la gloire de cette ville infortunée, et consentit à lui donner la paix. Sur ces entrefaites, Agésilas fut élu roi de Lacédémone ; il porta la guerre en Asie : les plus heureux succès couronnèrent son entreprise. Il faisait déjà trembler les Perses, lorsque l'or de ceux-ci excita en Grèce, des troubles, qui le rappelèrent dans sa patrie. Thèbes, Argos, Corinthe avaient secoué le joug de Lacédémone : Athènes même était entrée dans la ligue. Au premier combat qui se livra, près d'Halyarte, Lysandre trouva la mort. Peu après les Spartiates, commandés par Aristodème, vainquirent les alliés à Némée, tandis que, d'un autre côté, l'Athénien Conon, aidé du satrape Pharnabaze, défaisait à Cnidos la flotte Lacédémonienne, que commandait Pisandre, beau-frère d'Agésilas. La bataille de Coronée suivit de bien près ; elle se livra entre les Spartiates et les Orchoméniens d'un côté, les Thébains et les Argiens de l'autre. Ce fut avec peine qu'Agésilas obtint la victoire : l'Athénien Xénophon, qui combattait à ses côtés, devint l'historien de ce combat sanglant, après en avoir partagé les lauriers. Les murs d'Athènes furent relevés par Conon, toujours protégé des Perses. Bientôt les affaires changèrent de face, et la paix d'Antalcide devint la honte de Sparte, en soumettant au roi de Perse les villes grecques de l'Asie mineure, pour la liberté desquelles Agésilas avait combattu. En ce temps Socrate donnait à ses concitoyens le plus parfait modèle de la vertu payenne. Son étude fut celle de la sagesse ; sa vie fut employée à l'instruction de la jeunesse athénienne. Sa conduite irréprochable ne le mit pas à l'abri des attaques de l'envie : ses ennemis le firent condamner à mort comme coupable d'impiété.

Cependant des événemens remarquables se passaient en Sicile ; les Grecs y prirent une part active. Denys l'ancien, dont l'origine est peu connue, avait ceint le diadême de Syracuse. Son autorité passa tout entière à Denys le jeune, son fils. Différentes causes brisèrent le pouvoir de celui-ci. Dion, son beau-frère, persécuté par ce tyran, s'arma contre lui, délivra Syracuse et sut maintenir la liberté tant qu'il vécut. A sa mort, de cruelles factions déchirèrent la Sicile. Denys, de nouveau possesseur du trône, s'en vit encore chassé. Il se retira dans la ville de Corinthe, et y mourut dans l'obscurité. Timoléon, libérateur de Syracuse, lui rendit ses lois et son gouvernement. Il quitta Corinthe, sa patrie, pour se fixer dans le pays qui lui devait le repos.

La paix d'Antalcide avait jeté parmi les villes grecques de nombreuses semences de division. Thèbes, tombée par trahison au pouvoir de Sparte, ne tarda pas à se relever avec gloire. Epaminondas et Pélopidas humilièrent la puissance Lacédémonienne. Les Athéniens se trouvèrent engagés à soutenir la cause des Thébains : ils envoyèrent à leur secours Timothée, fils de Conon, et Iphicrate, habile capitaine. Pélopidas vainquit ses ennemis au combat du Thégyre.

Ans.   Les Spartiates éprouvèrent une défaite plus san-
3634 glante à Leuctre : Cléombrote, leur roi, fut tué ; Epaminondas et Pélopidas conduisaient les Thébains. La victoire leur ouvrit le chemin du Péloponèse : Sparte menacée fut défendue par Agésilas.

Les Athéniens devinrent alliés de Lacédémone, dont le roi Archidamus obtint un léger succès sur les Arcadiens ; ce combat fut nommé la *Bataille sans larmes*, parce qu'aucun Spartiate n'y trouva la mort.

Pélopidas, envoyé à la cour d'Artaxerxe-Mnémon, rendit ce prince favorable à sa patrie ; il appaisa ensuite les troubles de la Macédoine, et emmena Philippe, encore enfant, frère du roi Perdiccas, comme ôtage à Thèbes ; l'éducation du jeune prince fut confiée à Epaminondas. Pélopidas fut moins heureux en Thessalie. Alexandre, tyran de Phères, déjà vaincu par lui, le fit prisonnier par trahison: Epaminondas sut le délivrer. Le guerrier thébain trouva bientôt l'occasion de se venger à la bataille de Cynocéphales, où les troupes du tyran furent mises en fuite ; mais la valeur imprudente de Pélopidas lui coûta la vie. Les larmes de ses concitoyens firent son éloge funèbre.

Epaminondas, de nouveau chef des troupes

Ans. thébaines, leur fit remporter une nouvelle victoire à Mentinée contre les Eléens, les Athéniens et les Spartiates : ce fut la dernière. Blessé mortellement, il laissa Thèbes sans appui : la gloire de cette ville disparut avec ce grand homme.

3641 Agésilas, appelé au secours des Egyptiens, entreprit cette nouvelle expédition, ayant plus de quatre-vingts ans : il mourut à son retour en
3650 Grèce. Après sa mort, la guerre, dite des alliés, occupa les Athéniens. Iphicrate, Chabrias et Timothée se firent un nom illustre. Ce dernier termina ses jours dans l'exil. Iphicrate ne dut qu'à sa hardiesse de ne pas éprouver le même sort. Athènes, après la mort de ces grands généraux, vit disparaître les jours de son antique gloire. Les villes de Chio, Cos, Rhodes et Bysance, dont la révolte avait causé la guerre, recouvrèrent leur liberté.

Démosthène commença bientôt à se faire un nom célèbre. Son éloquence ranima le courage des Athéniens, et ses harangues immortelles réveillèrent en eux l'amour de la patrie. Philippe s'élevait alors, et la Macédoine ne pouvait suffire à son ambition.

La guerre sacrée, entreprise contre les Phocéens, parce qu'ils avaient labouré des terres consacrées à Apollon, affaiblit la Grèce que Philippe voulait assujétir. Ce prince, faisant la guerre dans la Thrace, perdit un œil au siége de Méthone ; il marcha ensuite au secours des Thessaliens, contre les tyrans qui les opprimaient. Les Thébains, ne pouvant réduire les Phocéens, eurent recours au roi de Macédoine, qui n'eut qu'à se montrer pour épouvanter les ennemis. La Phocide se soumit et Philippe obtint l'entrée au conseil des Amphictyons, dont les rebelles avaient été exclus. Les Athéniens, que l'ambition de Philippe alarmait, nommèrent Phocion, général de leurs troupes : c'était un homme d'une vertu austère et digne des beaux jours de la Grèce. Il fit échouer les entreprises du roi de Macédoine. Bientôt une ligue se forma contre ce prince : les Athéniens et les Thébains réunirent leurs armes à la bataille de Chéronée, sous les ordres de Charès et Lysiclès, généraux sans expérience, qu'Athènes avait préférés à Phocion. Le jeune Alexandre se distingua par sa valeur, et fixa la victoire dans les rangs macédoniens. Philippe se montra généreux envers les prisonniers : cette conduite amena un traité de paix avec les villes d'Athènes et de Thèbes. Ce fut en ce même temps que l'orateur Eschine, rival de Démosthène, osa l'attaquer ; il subit la peine de l'exil, et se retira dans l'île de Rhodes, où il ouvrit une école d'éloquence.

Philippe donnait des lois à la Grèce, et songeait à porter la guerre chez les Perses. Déjà il s'était fait nommer généralissime des troupes grecques ; mais les troubles de sa famille lui causèrent de nouvelles sollicitudes. Il avait répudié Olympias, fille de Néoptolème, prince des Mollosses, pour épouser Cléopâtre, nièce d'Attale : Alexandre, irrité de l'affront fait à sa mère, s'éloigna de la cour et n'y revint qu'à la sollicitation de son père. Peu après Philippe maria sa fille Cléopâtre à Alexandre, roi d'Epire, frère d'Olympias ; les fêtes, données à cette occasion, devinrent funestes pour le roi ; il tomba sous le poignard d'un assassin. Alexandre, en montant sur le trône, y porta une vive ardeur pour la gloire et une ambition, qui ne devait pas connaître de bornes. Il dut la bonne éducation qu'il avait reçue aux maîtres habiles auxquels il fut confié. Parmi eux se distinguaient : Léonidas, parent de la reine, d'une grande austérité de mœurs, et le célèbre philosophe Aristote. Alexandre montra toujours une grande reconnaissance pour ses maîtres : il croyait ne leur être pas moins redevable qu'aux auteurs de ses jours. Ce prince était ami des arts et des sciences, et sut les faire fleurir sous son règne. Alexandre n'avait que vingt ans lorsqu'il commença à régner : il se trouva environné d'ennemis, qui avaient conjuré sa perte. Les barbares, révoltés contre lui, furent subjugués les premiers. La Grèce, ranimée par la mort de Philippe, apprit à craindre celui que Démosthène appelait un enfant : il assiégea Thèbes, la prit et la ruina entièrement ; les descendans du poète Pindare furent épargnés avec quelques autres : le reste des habitans fut réduit à l'esclavage. Athènes effrayée demanda et obtint la paix. Alexandre se rendit ensuite à Corinthe, où il reçut le commandement de toutes les forces de la Grèce pour marcher contre les Perses. Ce fut dans cette ville qu'il visita le philosophe Diogène, connu par la singularité de son caractère. Le roi de Macédoine, ayant mis ordre aux affaires de son royaume, nomma Antipater pour le gouverner, et partit pour l'Asie avec une armée peu nombreuse, mais composée de valeureux guerriers. Arrivé près de Lampsaque, il épargna cette ville à la prière ingénieuse du philosophe Anaximène. Il rencontra bientôt l'armée des Perses, commandée par Memnon, qui voulait lui disputer le passage du Granique. Cette première bataille fut une victoire pour Alexandre. Le vainqueur soumit toute l'Asie mineure, traversa la Phrygie, et s'avança vers la Cilicie, où il faillit périr dans les eaux du Cydnus. Rappelé à la vie, par les soins de Philippe son médecin, il marcha contre Darius, qui s'avançait avec une armée formidable. La bataille d'Issus rompit les nombreux bataillons des Perses. La famille du roi tomba au pouvoir du vainqueur, qui la traita généreusement. Alexandre soumit ensuite la Syrie, donna un roi à Sidon, et prit la ville de Tyr, après un siège de sept mois. De là il se dirigea vers Jérusalem, voulant faire repentir les Juifs de leur fidélité envers Darius ; mais Dieu changea le cœur de ce prince, et le rendit favorable à son peuple.

Alexandre entra ensuite en Egypte, et réunit ce pays à ses autres conquêtes ; il jeta les fondemens d'Alexandrie et se fit déclarer fils de Jupiter-Ammon, dont il visita le temple, situé dans les déserts de la Lybie. Au retour de ces expéditions, le roi de Macédoine mesura de nouveau ses forces contre Darius. La bataille d'Arbelles décida du sort de ce vaste empire, qu'Alexandre ne voulait partager avec personne. Le roi de Perse fugitif fut trahi par les siens, et laissa le soin de sa vengeance à son vainqueur. Celui-ci ternit sa gloire par le meurtre de ses plus fidèles serviteurs : Clitus, qui lui avait

Ans. sauvé la vie au combat du Granique, Philotas, Parménion et le philosophe Callisthène furent les tristes victimes de sa colère. Alexandre, insatiable de conquêtes, entreprit une nouvelle expédition contre les Indes. Ses armes victorieuses sur les bords de l'Hydaspe, malgré la valeur du roi Porus, s'arrêtèrent enfin sur les rivages de l'Océan. Le roi conquérant, après avoir traversé les provinces soumises à sa domination, reprit le chemin de Babylone, malgré les craintes que cherchaient à lui inspirer les astrologues Chaldéens. Il fixa dans cette ville le siége de son empire. Les excès auxquels il se livra abrégèrent ses jours ; il mourut âgé seulement de trente-deux ans et huit mois. Sisygambis ne put survivre à ce prince, qui l'avait traitée comme sa mère ; elle se laissa mourir de faim. Une douleur générale rendit honneur à la mémoire de ce fameux conquérant, dont les funérailles furent célébrées, comme il l'avait prédit, par de sanglants combats entre ses généraux. Parmi ceux dont l'histoire conserve le nom, on peut citer, avec ceux déjà nommés: Ephestion, son ami intime, Cratère, autre favori, Perdiccas, Attale, Polysperchon, Cassandre, fils d'Antipater, Eumène, Ptolémée, Séleucus, Lysimaque, Antigone, Ménandre, Léonat, Néoptolème.

3681

Quatrième époque.

Alexandre n'ayant pas désigné son successeur, de vifs débats s'élevèrent entre les chefs de son armée. Il fut enfin décidé que Perdiccas serait régent pour le jeune Alexandre, dont la mère était Roxane. Athènes fit éclater sa joie, à la nouvelle de la mort du roi de Macédoine : Démosthène fut rappelé de l'exil. Le bruit de la guerre retentit bientôt dans la Grèce ; elle fut d'abord favorable pour les alliés, mais Antipater les vainquit près de Cranon, et marcha vers Athènes. Le poids de sa colère tomba principalement sur Démosthène, qui se trouva réduit à s'empoisonner lui-même pour ne pas tomber entre les mains de son ennemi. La pompe funèbre d'Alexandre excita de nouvelles disputes entre ses capitaines pour le lieu de sa sépulture ; la ville d'Alexandrie obtint la préférence. Peu après Phocion fut condamné à mort par les Athéniens : il avait été élevé à l'école de Platon et de Xénocrate, et s'était toujours montré dévoué aux intérêts de sa patrie. Cassandre, successeur d'Antipater, profita du trouble qui régnait dans Athènes pour s'en rendre maître ; il établit Démétrius de Phalère à la tête du gouvernement.

Ans. L'empire d'Alexandre était le théâtre des guerres et des divisions: la famille de ce prince fut immolée à l'ambition de ceux qui se disputaient son héritage. Démétrius Poliocerte, fils d'Antigone, s'acquit alors une grande réputation dans l'art de la guerre; il s'empara d'Athènes et lui rendit la liberté. Démétrius de Phalère fut proscrit, et se vit obligé de chercher un asile contre l'ingratitude des Athéniens. Les généraux d'Alexandre prirent le titre de roi, chacun
3700 dans leur province. En ce temps la ville de Rhodes, assiégée par Démétrius, sut résister à toutes ses attaques et le contraignit de se retirer.

C'est alors que fut construit, par Charès de Lindus, ce fameux colosse, mis au nombre des
3703 sept merveilles du monde. Enfin, la bataille d'Ipsus termina tous les différens : Séleucus et Lysimaque, vainqueurs d'Antigone et de Démétrius, fixèrent le partage de l'empire avec leurs alliés. L'Egypte échut à Ptolémée, surnommé Soter, c'est-à-dire Sauveur; la Thrace à Lysimaque; la Syrie à Séleucus, la Macédoine et la Grèce à Cassandre. Ce dernier pays fit souvent d'inutiles efforts pour recouvrer la liberté. Théâtre de divisions de tous genres, il penchait vers sa ruine. Après la mort de Cassandre, Démétrius, fils d'Antigone, Pyrrhus, roi d'É-

pire, Lysimaque et Séleucus, tour-à-tour maîtres de la Macédoine, la perdirent, après quelques jours de règne. Les Gaulois vinrent ensuite la ravager, sous la conduite de Brennus. Cette contrée fut enfin soumise à Antigone-Gonathas, fils de Démétrius. Il soumit les Athéniens, ligués contre lui avec les Lacédémoniens, et transmit la couronne à son fils Démétrius, qui eut pour successeur Antigone-Doson.

Agis, roi de Lacédémone, essayait alors de rendre à sa patrie l'antique forme de son gouvernement ; il paya de la mort sa généreuse entreprise. Léonide, son collègue et son rival, se souilla du sang de la famille d'Agis. Cléomène, fils de Léonide, prince généreux et brave, lutta vainement contre la fortune : vaincu par Antigone, roi de Macédoine, à la bataille de Sélasie, il fut contraint de fuir de Lacédémone et se retira en Egypte ; enfin, déjoué dans toutes ses espérances, il se donna la mort, après avoir tenté de soulever en sa faveur le peuple d'Alexandrie. La république des Achéens, devenue puissante par les soins d'Aratus, faisait encore briller la Grèce. Philopémen, surnommé le *dernier des Grecs*, soutint la gloire de son pays par d'éclatans exploits : il vainquit à Mantinée Machanidas, tyran de Sparte, tandis que Philippe régnait en Macédoine. Ce prince était aux prises avec les Romains ; il fut vaincu par eux à la bataille de Cynoscéphales ; le sénat lui dicta la paix, et rendit une ombre de liberté à la Grèce, qui perdit bientôt après Philopémen, son illustre défenseur. Persée, fils de Philippe, s'ouvrit un chemin au trône par le meurtre et la calomnie. Il fut obligé de soutenir la guerre contre les Romains; elle fut d'abord heureuse pour lui ; mais Paul-Emile le vainquit à Pydna, et le réduisit à se rendre prisonnier. Avec lui finit le royaume de Macédoine, dont ce prince était le quarantième roi depuis Caranus.

Les Achéens, qui avaient embrassé la cause de Persée, éprouvèrent la vengeance des Romains : les plus illustres d'entr'eux furent exilés. Polybe, célèbre historien, fut excepté du nombre des proscrits. Les débris de la ligue achéenne osèrent se mesurer encore avec les Romains ; ils furent défaits par Métellus, et la prise de Corinthe par le consul Mumnius acheva leur ruine.

La Grèce devint une province romaine: Elle subit dans la suite le sort de cette puissance formidable: mais de nos jours, les efforts qu'elle a faits pour secouer le joug, ont été couronnés de succès: elle s'est affranchie de l'esclavage des Turcs.

HISTOIRE ROMAINE.

Ans.

Rémus et Romulus, issus des rois d'Albe par Rhéa-Sylvia, leur mère, furent élevés, dit-on, par des bergers et nourris du lait d'une louve. Devenus chefs d'une troupe de vagabonds, ils fondèrent la ville de Rome, pendant que Joathan régnait en Juda et Sardanapale en Assyrie, 3256 c'est-à-dire l'an du monde, 3256; avant J.-C., 748 ans. Bientôt Romulus, qui voulait régner seul, se défit de son frère. Il peupla sa ville de fugitifs, auxquels il accorda un asile. Pour perpétuer cette nouvelle nation, il fit enlever les filles des Sabins et des autres peuples voisins de Rome, qui les lui avaient refusées. Victorieux dans toutes les guerres qui suivirent cet enlèvement, il agrandit son territoire, donna des lois à Rome et y établit un sénat pour gouverner avec lui ; mais ce sénat, blessé des hauteurs de Romulus, le fit assassiner, et se hâta d'appaiser le peuple, en le mettant au rang des dieux, sous le nom de Quirinus.

Ans.
3291 Numa, Sabin de naissance, au moyen d'une longue paix, adoucit les mœurs farouches des Romains et leur donna une religion. Tullus-
3338 Hostilius, prince tout guerrier, conquit la ville d'Albe par la valeur du jeune Horace ; il agrandit son territoire et mourut, dit-on, frappé de
3369 la foudre. Ancus-Marcius, prince pacifique, lui succéda et gouverna heureusement. Il fonda le port et la ville d'Ostie, pour faciliter le commerce et procurer à Rome une nouvelle source de richesses. Ce prince nomma Tarquin l'Ancien
3393 tuteur de ses enfans. Celui-ci usurpa la couronne de ses pupilles. Son règne fut illustré par de nombreuses victoires, remportées sur les ennemis de Rome, et par les ouvrages magnifiques dont il embellit cette capitale. Le Forum ou place publique, le cirque pour les spectacles et surtout le Capitole, dont il jeta les fondemens, sont les plus remarquables. Les fils d'Ancus-Marcius conspirèrent contre Tarquin et le firent mourir. Servius-Tullius, son gendre, monta sur
3431 le trône par les soins de la reine Tanaquil. Le nouveau roi, prince tout populaire, donna quelques lois aux Romains, entr'autres le cens ou dénombrement du peuple, et forma le projet de les rendre libres et indépendans ; il l'aurait exécuté sans l'ambition de la cruelle Tullie, sa

fille, et de Tarquin, son gendre. Il fut assassiné par ses propres enfans. Tarquin monta sur le trône dont ses crimes l'exclurent bientôt. La mort de Lucrèce fut comme le signal de la liberté dans Rome. Brutus, Collatin, Lucrétius, Valère excitèrent les Romains à secouer le joug de la tyrannie. Les Tarquins furent proscrits, et le gouvernement républicain remplaça celui des rois. Deux consuls furent choisis pour exercer l'autorité. Brutus et Collatin, mari de Lucrèce, furent les premiers revêtus de cette dignité. Une conspiration, formée en faveur du roi détrôné, coûta la vie à d'illustres coupables, entr'autres les deux fils de Brutus. Ce consul périt bientôt après dans un combat livré contre les peuples protecteurs de Tarquin. Valère, surnommé Publicola, fut son successeur ; il eut pour collègue Lucrétius, père de l'infortunée Lucrèce. La mort de celui-ci fit élever au consulat Marcus-Horatius, qui eut la gloire de faire la dédicace du Capitole, achevé sous son gouvernement. Cependant Porsenna, roi des Etrusques, s'était armé en faveur de Tarquin. Rome menacée fut alors sauvée par le courage intrépide de Publius Horace, surnommé Coclès, qui défendit seul l'entrée d'un pont contre une armée entière.

La jeune Clélie surprit Porsenna par sa hardiesse, et Mucius-Scévola l'épouvanta par ses menaces. Le roi des Etrusques se hâta de conclure la paix, et Tarquin fut privé de tout espoir. Peu après les Romains, attaqués par les Sabins, les vainquirent au combat du Tévéron, sous la conduite de Valérius, frère de Publicola, et de Posthumius leurs consuls. Rome, libre au dehors, se vit bientôt déchirée par de cruelles factions. Le peuple implorait en vain des consuls et du sénat l'abolition des dettes : furieux de ne pouvoir l'obtenir, il refusa de s'enrôler pour combattre les peuples ligués contre Rome, en faveur de Tarquin. La dignité de dictateur fut alors mise en usage pour rétablir le bon ordre. Les ennemis furent vaincus sur les bords du lac Régille. Les troubles recommencèrent bientôt ; les rebelles se retirèrent sur le mont Aventin, depuis nommé mont Sacré, sous la conduite de Sicinius. La création de nouveaux magistrats, connus sous le nom de tribuns, parvint à les calmer. La paix semblait être rétablie, lorsqu'une famine et les harangues des séditieux tribuns firent renaître les troubles. Coriolan, illustre par une victoire qui valut aux Romains la conquête de Corioles, devint la victime de son zèle pour le corps des patriciens ; les tri-

buns le firent condamner à l'exil. L'illustre proscrit se retira chez Tullus, chef des Volsques,
et, conduit par le désir de la vengeance, il se
mit à la tête des ennemis de Rome, ravagea son
territoire et la menaça d'une ruine entière. Sa
colère fut enfin appaisée par les prières et les
larmes de Véturie, sa mère, et de Volomnie,
son épouse, qui allèrent le trouver dans son
camp, à la tête des dames romaines. Cette con-
descendance fut punie de mort : Coriolan périt
assassiné par les Volsques. Cependant Cassius,
patricien dévoré d'ambition, mit pour jamais la
discorde entre les deux ordres de l'état, en pro-
posant la loi agraire, qui réglait le partage des
terres conquises. Il fut précipité du haut du roc
Tarpéïen ; mais sa mort n'appaisa pas les troubles. Les tribuns, acharnés à détruire l'autorité
du sénat, pour s'élever à sa place, proposaient
chaque jour de nouvelles lois et faisaient res-
sentir leur fureur à ce que Rome comptait de
plus grand. Appius-Claudius, illustre sénateur,
redouté du peuple pour sa sévérité, ne put échap-
per à la vengeance de ces turbulens magistrats.
Cincinnatus parut alors avec éclat ; arraché par
trois fois des champs qu'il cultivait, pour con-
duire les légions romaines au combat, il fit toujours triompher Rome de ses ennemis. Cepen-

Ans.
3556 dant les deux ordres, d'un commun accord, envoyèrent des députés en Grèce, pour y recueillir un code de lois. Dix magistrats, nommés décemvirs, furent chargés de le rédiger. Les premiers, revêtus de cette dignité, gouvernèrent avec sagesse ; mais leurs successeurs abusèrent de l'autorité qui leur avait été confiée.

Appius, le plus odieux, se rendit coupable du meurtre de Virginie. Il périt comme ses collègues, et Rome recouvra ses consuls et ses tribuns. Les nouvelles lois, connues sous le nom de douze tables, furent alors exposées : elles ont fait l'admiration de toute l'antiquité. Peu après la charge de Censeur fut établie à Rome. Les nouveaux troubles, survenus dans cette capitale,
3571 firent nommer Cincinnatus dictateur. Sa sagesse et sa fermeté renversèrent les projets de quelques ambitieux, qui voulaient asservir leur patrie. Les Romains, attaqués par Tolumnius, roi des Étrusques, obtinrent sur lui une grande victoire, dans laquelle Cossus tua le roi ennemi, et eut la gloire de porter à Rome les dépouilles opimes, honneur qu'aucun Romain n'avait obtenu depuis
3600 Romulus. Plusieurs événemens, qui nous présentent une alternative continuelle de guerres étrangères et de dissentions domestiques, précédèrent le siège de Veïes et les victoires de Camille, suivies de l'exil de ce grand capitaine.

L'arrivée des Gaulois le vengea bientôt. Brennus abandonna le siège de Clusium et s'avança vers Rome, dont les ambassadeurs l'avaient justement irrité. Vainqueur à la journée d'Allia, il trouva Rome déserte, la réduisit en cendres et assiégea la forteresse du Capitole, où l'élite des Romains s'était renfermée. Manlius la sauva de ses attaques, et bientôt Camille, nommé dictateur, défit complètement Brennus à la seconde bataille d'Allia, et le contraignit de sortir de l'Italie. Rome, rebâtie dans l'espace d'un an, vit de nouveau ses tribuns fomenter les troubles. Le supplice de Manlius suivit de près les récompenses décernées à son courage. Il fut précipité du haut de ce même capitole, qu'il avait défendu.

Camille, nommé cinq fois dictateur, conduisit encore les Romains à la victoire, quoique dans un âge avancé; il vainquit les Gaulois, près du Tévéron, fit établir la préture, dignité nouvelle, réservée aux patriciens. Dans ce temps-là même, les larmes de Fabia obtinrent, après dix ans d'efforts et par les harangues des séditieux tribuns, la loi qui rendait le consulat communaux deux ordres. La paix régnait dans Rome, lorsque la peste vint la désoler. Camille, regardé comme un second Romulus, fut emporté par la contagion. Peu après Manlius, surnommé Torquatus, se rendit illustre par un trait de piété filiale et par sa valeur dans les combats livrés aux Gaulois; il tua un de leurs principaux guerriers, et délivra Rome de la crainte que ce peuple avait su lui inspirer.

3667 La guerre du Samnium, guerre qui dura soixante-dix ans, fut mélangée de succès différens. Les Latins révoltés se soumirent après une sanglante défaite. Ce combat devint célèbre par le dévouement de Décius, guerrier romain, et la sévérité du consul Manlius Torquatus envers son fils qu'il fit mettre à mort, pour avoir violé la discipline militaire. Les Gaulois s'unirent aux Samnites, qui furent enfin domptés, après avoir couvert d'ignominie les légions romaines aux *Fourches Caudines*. Papirius-Cursor, Curius-Dentatus, Fabius-Maximus et plusieurs autres guerriers illustres relevèrent la gloire de leur patrie, et se firent un nom fameux, autant par leurs vertus que par leur courage.

Tarente révoltée ne put être sauvée par les armes de Pyrrhus, roi d'Epire. Ce prince, vainqueur des Romains à la bataille du Siris, malgré la valeur de Lœvinius, chargea son ministre Cynéas, d'obtenir du sénat une paix glorieuse pour lui et peu honorable pour le nom romain ; mais il ne put vaincre la fermeté de cette auguste assemblée, non plus que le désintéressement du vertueux Fabricius Un second combat laissa la victoire indécise ; enfin, la bataille de Bénévent, où commandait Curius Dentatus, obligea ce prince à sortir de l'Italie. Les Tarentins, privés de tout secours, devinrent tributaires de la république.

Rome, maîtresse de l'Italie, songea bientôt à étendre ses conquêtes. L'île de Sicile la mit aux prises avec les Carthaginois. La protection qu'elle accorda aux habitans de Messine, fut l'origine de la première guerre punique. Le consul Appius Claudius obtint un premier avantage sur les Carthaginois. Hiéron, roi de Syracuse, fut vaincu par lui. Hannon, général carthaginois, fut à son tour battu par les Romains, qui entreprirent de disputer à Carthage l'empire de la mer. Le consul Duilius fut victorieux dans le premier combat naval qu'il livra, non loin des îles Lipari. Amilcar, père du fameux Annibal, fut opposé aux Romains : il ne put empêcher le consul Cornélius-Scipion de conquérir la Sardaigne. Une seconde victoire navale, gagnée par les Romains, près d'Héraclée, apprit à leurs rivaux à les craindre sur mer comme sur terre. Les vainqueurs passèrent en

Afrique, firent trembler Carthage; mais la fierté de Régulus devint funeste pour lui et son armée. Les Carthaginois, réduits au désespoir, le battirent et le firent prisonnier. Rome, humiliée par ses revers, reprit l'avantage sur ses ennemis, qui déshonorèrent leur victoire par le meurtre de Régulus. Le combat de Drépane fut malheureux pour les Romains. Le consul Lutatius releva leur courage par la victoire remportée, près des îles Egates, sur le général Hannon. La valeur et la sagesse d'Amilcar ne purent rétablir les affaires de Carthage. Rome dicta la paix à cette fière rivale, après vingt-quatre années de combats. Teuta, reine d'Illyrie, vit aussi sa fierté abaissée par les armes romaines, qui se mesurèrent encore avec les Gaulois : le consul Emilius les vainquit à la bataille de Télémon. Ils éprouvèrent une seconde défaite, dans laquelle leur roi Viridomare fut tué par Marcellus. Le guerrier romain eut la gloire d'orner son triomphe des dépouilles opimes.

La puissance romaine qui s'étendait jusqu'en Espagne, fut attaquée de nouveau par les Carthaginois. L'infortunée Sagonte, ville alliée des Romains, tomba sous les coups d'Annibal et s'ensevelit sous ses ruines. La seconde guerre punique fut déclarée. Annibal franchit les Pyrénées, traversa les Gaules, se fraya un chemin dans les Alpes, fondit sur l'Italie, et défit, près du Tésin, l'armée entière du consul Cornélius-Scipion. Les bords de la Trébie virent pareillement la défaite du présomptueux Simpronius. Annibal s'avança dans le cœur de l'Italie, sans être arrêté par les difficultés qu'offrait une route dangereuse, et Trasimène fut témoin d'une troisième victoire; le consul Flaminius y perdit la vie. Rome fit un dernier effort. Paul-Emile et Varron ne purent la défendre : ils éprouvèrent une défaite terrible à Cannes; le premier y mourut glorieusement. C'en était fait de Rome, si les Carthaginois eussent marché droit à cette capitale; mais ils s'arrêtèrent à Capoue et virent la fin de leurs brillans succès. Fabius Maximus, Marcellus, surnommé l'épée des Romains, et le jeune Scipion surtout, relevèrent l'espoir de leur patrie. Annibal, vaincu par Marcellus devant Nole et privé de tout secours, se maintenait encore en Italie. Cependant Syracuse tomba au pouvoir des Romains que commandait Marcellus: le fameux géomètre Archimède y trouva la mort.

La ville de Capoue, assiégée par les Romains, fut prise, malgré les efforts d'Annibal pour la sauver. Le jeune Scipion fit la conquête de l'Espagne et vainquit Asdrubal, qui passa en Italie, pour secourir Annibal, son frère. Il fut défait et perdit la vie, près du Métaure, où les consuls Livius et Néron l'attaquèrent. Annibal fut bientôt rappelé en Afrique pour défendre Carthage, que menaçait Scipion. Il fut vaincu par ce grand capitaine dans les plaines de Zama. Une paix, honteuse pour Carthage, termina cette lutte de dix-sept ans. Scipion reçut le glorieux surnom d'Africain.

Philippe, et ensuite Persée, son fils, rois de Macédoine, apprirent à redouter la valeur romaine. Paul-Emile fit prisonnier ce dernier prince, qui servit d'ornement à son triomphe. Caton porta la guerre en Espagne et ne put soumettre entièrement les peuples de cette contrée belliqueuse. Peu après Scipion l'Asiatique, frère de l'Africain, triompha d'Antiochus, roi de Syrie. Ce prince n'avait pas su profiter des conseils d'Annibal ; il eut lieu de s'en repentir. Il fut vaincu à la bataille de Magnésie, et reçut la loi des Romains, que les richesses de l'Asie commencèrent à corrompre. Cependant Carthage se remuait. Le second Scipion l'Africain eut le commandement de cette troisième guerre punique. Il la termina par la prise de Carthage : après quatre ans de siége, cette ville superbe fut livrée aux flammes. Cependant Corinthe, dernier espoir de la ligue achéenne, succomba sous les coups du consul Mummius. Les Romains, insatiables de victoires, en remportèrent de nouvelles sur les Espagnols. Viriathe, généreux guerrier, défendit longtemps sa patrie contre ceux qui voulaient l'opprimer : il battit plus d'une fois les généraux de la république ; mais il mourut victime de la trahison, et la guerre tourna à l'avantage des Romains, qui, sous la conduite du vainqueur de Carthage, prirent Numance et la détruisirent entièrement. Une guerre, excitée par la révolte des esclaves en Sicile, et plusieurs conquêtes en Asie, furent suivies des troubles causés par la faction des Gracques, qui donna dans Rome le premier exemple des guerres civiles. Tibérius et Caïus-Gracchus étaient fils de l'illustre Cornélie, fille du grand Scipion ; ils avaient été élevés avec soin, et les plus heureuses qualités se faisaient remarquer dans ces jeunes Romains. Tibérius l'aîné entreprit de faire adopter cette fameuse loi agraire, sujet de tant de disputes entre le sénat et le peuple. Les plus grands obstacles firent échouer son dessein sans le décourager ; enfin il trouva la mort dans une sédition excitée par ses ennemis. Caïus son frère marcha sur ses traces, et eut un sort aussi funeste.

Ans.
5896

3000

3901

La guerre de Numidie occupa ensuite les Romains. Jugurtha, qui lutta vainement contre eux, comptait plusieurs rois illustres parmi ses aïeux. Gala et Massinissa s'étaient rendus célèbres par leurs exploits guerriers, dans le temps des guerres entre Rome et Carthage. Ce dernier se montra fidèle allié des Romains. Jugurtha, son petit-fils, régna sur la Numidie. Son ambition ternit ses belles qualités, et attira sur lui les armes de ceux qui l'avaient protégé. L'or de ce prince fit traîner en longueur une guerre, dont les généraux s'étaient laissé gagner par l'ennemi qu'ils devaient combattre. Métellus soutint la gloire du nom romain, réduisit Jugurtha aux dernières extrémités. Marius le défit entièrement, et Sylla se rendit maître de la personne de ce prince, qui ne put se dérober aux supplices que méritaient ses crimes. Bientôt après les Cimbres et les Teutons épouvantèrent l'Italie de leurs armes. Ils taillèrent en pièces deux armées Romaines ; mais ils furent vaincus par Marius, dans les plaines d'Aix en Provence. Le reste de ces barbares trouva une défaite entière, près de Vérone ; Marius et Catulus, son collègue, en eurent toute la gloire. Les peuples d'Italie, lassés du joug des Romains, et irrités de ne pouvoir partager leurs titres et leurs priviléges, formèrent une ligue contre la république. Sylla sut les faire rentrer dans l'obéissance. Mithridate, roi de Pont, osa se mesurer avec Rome et provoqua sa colère par le massacre horrible de tous les Romains établis en Asie. Sylla prit le commandement de cette guerre ; Marius, secondé du tribun Sulpicius, voulut en vain le lui arracher. D'abord maître de Rome, Marius ne jouit pas long-temps de son triomphe. Sylla, chef des troupes, les conduisit où l'appelait sa vengeance. La tête de son rival fugitif fut mise à prix : les souvenirs de sa gloire le sauvèrent deux fois de la mort. Il rentra enfin en Italie. Cinna et sa faction le ramenèrent en triomphe à Rome; la force et la violence lui en ouvrirent les portes. Marius vainqueur donna un libre cours à sa fureur ; il se baigna dans le sang de ses ennemis et de ses concitoyens. Sylla, proscrit à son tour, se moquait, à la tête de son armée, des vains efforts de Marius pour l'immoler à sa vengeance. Il entra en vainqueur dans Athènes, détruisit le fameux port du Pirée, triompha près d'Orchomène du fier Mithridate, et lui accorda la paix. La mort de Marius le ramena en Italie. Victorieux partout où il porta ses armes, il s'empara de Rome, après une grande bataille, livrée sous les murs de la ville, contre Télésinus, chef des Samnites. Le vainqueur souilla ses lauriers par d'odieuses cruautés. Les supplices et les proscriptions dépeuplèrent cette capitale du monde. Sylla, nommé dictateur perpétuel, donna des lois pour la réforme du gouvernement, et abdiqua volontairement la souveraine autorité qu'il avait usurpée. Il mourut, quelque temps après, dans les douleurs les plus cruelles. Pompée s'élevait alors ; il attaqua Certorius, qui, retranché en Espagne, ne put être vaincu que par la mort. Ce grand homme était citoyen romain : il avait suivi le parti de Marius, et s'était distingué dans la guerre par de brillans exploits. Ses grandes vertus eussent fait la gloire de Rome en des temps plus heureux. Le gladiateur Spartacus, à la tête des esclaves révoltés comme lui, fit trembler Rome à son tour. Il battit plusieurs fois les généraux de la république et fut enfin vaincu par Crassus.

La guerre recommença contre Mithridate. Ce prince s'empara des provinces d'Asie, soumises aux Romains. Lucullus fut chargé de soutenir les intérêts de la république; il se distingua par une conduite sage et modérée autant que par sa valeur. Le roi de Pont fugitif, se retira chez Tigrane, roi d'Arménie ; les armes romaines l'y poursuivirent ; la victoire les accompagna ; mais la révolte des soldats de Lucullus rétablit les affaires des deux rois. D'un autre côté Pompée triomphait des pirates, et l'île de Crète devenait la conquête de Métellus. Mithridate eut bientôt à lutter de nouveau contre les forces de la république, que commandait Pompée : obligé de prendre la fuite, il ne put trouver un asile en Arménie ; le roi Tigrane, pour conserver ses états, se soumit aux Romains. Le roi de Pont, élevé par son courage au-dessus des plus terribles coups de la fortune, voulait porter la guerre en Italie ; mais la trahison de son fils Pharnace, qui se fit déclarer roi par les troupes infidèles de Mithridate, le laissa sans espoir ; il se fit donner la mort, et Rome réunit un nouveau royaume à sa domination. Le vainqueur passa ensuite en Judée qu'il assujettit, après avoir apaisé les troubles qui la déchiraient.

La conspiration de Catilina, qui avait pour but la ruine entière de Rome, faillit renverser cette puissance colossale, qui voulait asservir l'univers entier. Ce complot, heureusement découvert, fit briller l'éloquence de Cicéron. Les coupables trouvèrent la mort dans un sanglant combat. Alors se forma le premier triumvirat, entre Pompée, César et Crassus. Ce dernier

Ans. entreprit une guerre malheureuse contre les Parthes et périt misérablement. Le lien qui unissait César et Pompée, se trouva rompu par cette mort; leur division ne tarda pas à éclater. César, vainqueur des Gaules et de la Grande-Bretagne, s'était gagné le cœur des soldats; ils suivirent ses drapeaux. Caton et la république s'unirent à Pompée, qui semblait vouloir les défendre. César, devenu maître de Rome, porta la guerre en Espagne et réduisit Marseille après une longue résistance. Il marcha ensuite contre son rival, l'atteignit en Grèce et le vainquit dans les plaines de Pharsale. Pompée fugitif croyait trouver un asile en Egypte; mais il y fut assassiné, sous les yeux de Cornélie, son épouse. Jules accorda des larmes au sort de son rival, et continua ses conquêtes. Caton, perdant tout espoir de rétablir les affaires de la république, se donna la mort à Utique, plutôt que d'implorer la clémence du vainqueur, qui vainquit en Espagne, le jeune Pompée, à la bataille de Munda. César, revêtu du titre de dictateur, aspirait à celui de roi. Brutus et Cassius conspirèrent contre lui, en faveur de la république. Jules César expira sous leurs coups, le jour même et au moment où il comptait recevoir la

3963 couronne. Marc-Antoine, sous prétexte de

Ans. venger sa mort, s'arma contre ses meurtriers et s'unit à Octave, fils adoptif de César. Le règne cruel de Sylla sembla renaître, sous la domination de ces nouveaux tyrans. Parmi le grand nombre de victimes immolées à leur ambition, on peut citer l'orateur Cicéron, l'une des plus illustres. Brutus et Cassius, vaincus à Philippe, ne survécurent pas à la république. Un second triumvirat s'était formé entre Octave, Antoine et Lépide. Les deux premiers se réservèrent toute l'autorité, et se réunirent contre Sextus-Pompée, qui, retiré dans la Sicile, faisait redouter sa puissance aux oppresseurs de Rome. Un traité honorable pour lui le mit à couvert pour quelques instans des entreprises de ses ennemis ; mais il éprouva bientôt l'inconstance de la fortune, et trouva une fin malheureuse. Lépide fut dépouillé du titre de triumvir par Octave, tandis qu'Antoine faisait la guerre aux Parthes : le mauvais succès de cette expédition ne put être attribué qu'à l'indigne conduite de ce guerrier, qui sacrifia sa gloire à de vils amusemens. Octave et Antoine se disputèrent l'empire, et Rome se vit encore désolée par une

3976 guerre cruelle. Les deux rivaux se mesurèrent auprès d'Actium. Antoine, trahi par Cléopâtre, fut vaincu et se retira en Egypte. Les nouvelles

84 ABRÉGÉ D'HISTOIRE ANCIENNE.

Ans. perfidies de cette princesse ruinèrent sans retour ses affaires ; il se donna lui-même la mort. L'indigne reine, craignant de tomber au pouvoir du vainqueur, se fit piquer par un aspic.
3978 L'Egypte alors devint province romaine. Octave, seul maître du monde, prit le titre d'empereur, avec le nom de César Auguste : il sut rendre ses sujets heureux, et donna son nom à son siècle, l'un des quatre fameux de l'histoire. Sous son règne, N. S. J. C. vint au monde, l'an 4004.

CHRONOLOGIES.

ROIS D'ÉGYPTE. — *Dynastie des Lagides.*

38ᵉ	Ptolémée-Soter.	monta sur le trône après lui.
	Ptolémée-Philadelphe.	
	Ptolémée-Évergète.	Bérénice appelée aussi Cléopâtre, et Alexandre.
39ᵉ	Ptolémée-Philopator.	
	Ptolémée-Épiphane.	
	Ptolémée-Philométor.	Ptolémée-Aulète. 40ᵉ
	Ptolémée-Physcon.	Ptolémée et Cléopâtre.
	Ptolémée-Lathyre.	Cette princesse régna seule après la mort de son frère.
39ᵉ-40ᵉ	Ptolémée-Alexandre.	
	Ptolémée-Lathyre re-	

ROIS DE BABYLONE ET D'ASSYRIE.

Premier empire.

19ᵉ	Nembrod ou Nemrod.	Trente générations de rois inconnus.
	Ninus.	
	Sémiramis.	Phul. 33ᵉ
	Nynias.	Sardanapale.

ROIS DE BABYLONE.

Second empire.

33ᵉ Bélésis ou Nabonassar. Mérodach Baladan.

ROIS DE NINIVE.

33ᵉ Théglathphalasar.
Salmanasar.
Sennachérib.
33ᵉ-34ᵉ Asarhaddon réunit le royaume de Babylone à celui d'Assyrie.

Saosduchin ou Nabuchodonosor I.
Saracus ou Chynaladanus.
Sous ce prince arriva la ruine de Ninive.

TROISIÈME EMPIRE
DE
BABYLONE ET D'ASSYRIE.

34ᵉ Nabopolassar.
34ᵉ-35ᵉ Nabuchodonosor II.
Evilmérodach.

Néréglissor.
Laborosoarchod.
Labynit ou Balthasar.

ROIS DE MÉDIE.

33ᵉ-34ᵉ Déjocès.
Phraorte ou Arphaxade.
34ᵉ-35ᵉ Cyaxaré Iᵉʳ.
Astyage ou Assuérus.

Cyaxare II. Après ce prince la Médie fut réunie au royaume de Perse.

ROIS DE PERSE.

35ᵉ Cambyse, père de Cyrus.
Cyrus.
Cambyse.

Smerdis le mage, usurpateur.
Darius-Histaspe.
Xerxès Iᵉʳ.

35ᵉ-36ᵉ

siècles. Artaxerxe - Longue - Main.	Nothus. siècles.
Xerxès II.	Artaxerxe-Mnémon. 37ᵉ
Sogdien.	Ochus II.
Ochus Iᵉʳ ou Darius-	Arsès.
	Darius-Codoman. 37ᵉ

~~~~~~

ROIS D'ATHÈNES.

25ᵉ Cécrops.   Egée.   28ᵉ
     Cranaus.   Thésée.
     Amphictyon.   Codrus.   30ᵉ
     Erechtée.

~~~~~~

ROIS DE ROME.

33ᵉ Romulus.   Tarquin-l'Ancien.   34ᵉ-35ᵉ
33ᵉ-34ᵉ Numa-Pompilius.   Servius-Tullius.
     Tullus-Hostilius.   Tarquin-le-Superbe.   35ᵉ
     Ancus-Marcius.

siècles.

POÈTES GRECS.

32ᵉ   Homère a fait deux poèmes épiques : l'*Iliade* ou la colère d'Achille au siège de Troie, l'*Odissée* ou les voyages d'Ulysse.

32ᵉ   Hésiode a composé trois poèmes : *Les ouvrages et les jours*, *la Théogonie* ou généalogie des dieux, *le Bouclier d'Hercule*.

34ᵉ   Tyrtée, Athénien, excita la valeur des Spartiates, dans la guerre de Messénie, par ses chants guerriers.

Poètes tragiques.

35ᵉ   Thespis est regardé comme l'inventeur de la tragédie.

36ᵉ   Eschyle perfectionna ce genre de poésie.

56ᵉ   Sophocle et Euripide se distinguèrent à Athènes par leurs belles tragédies, quoique d'un style différent.

Poètes comiques.

36ᵉ   Eupolis, Cratinus et Aristophane ont rendu fort célèbre la comédie appelée ancienne, qui a tenu lieu, chez les Grecs, de satire.

37ᵉ   Ménandre fut le chef et l'auteur de la nouvelle comédie.

Poètes iambiques ou satiriques.

33ᵉ siècles. Archiloque fut l'inventeur de ce genre de poésie.

35ᵉ Hipponax se distingua par ses satires.

Poètes lyriques.

35ᵉ Alcée fut l'ennemi de Pittacus de Mitylène.

35ᵉ Sapho fut surnommée la *dixième muse*.

35ᵉ Simonide écrivit le fameux combat naval de Salamine.

36ᵉ Anacréon vécut à la cour de Polycrate, tyran de Samos.

36ᵉ Pindare est mis à la tête des Poètes lyriques de la Grèce.

36ᵉ Corynna fut la rivale de Pindare.

33ᵉ Callinus d'Ephèse se distingua dans le genre des élégies.

POÈTES LATINS.

Premier âge de la poésie latine.

38ᵉ Livius-Andronicus, poète tragique, parut deux cents ans avant Virgile.

38ᵉ Nævius, poète comique, écrivit, en vers, la première guerre punique.

38ᵉ Ennius célébra les exploits du grand Scipion, dont il était l'ami intime. Il composa, en vers héroïques, les annales de Rome.

siècles

38ᵉ Cécilius et Pacuvius, poètes tragiques : le dernier était neveu d'Ennius.

39ᵉ Attius ou Accius, poète tragique, représenta quelques pièces du temps de Pacuvius, quoiqu'il fût plus jeune de cinquante ans.

39ᵉ Plaute, célèbre poète comique.

39ᵉ Térence, poète comique, naquit à Carthage. il fut l'ami du second Scipion l'Africain, qui, disait-on, travaillait à ses pièces.

39ᵉ Lucile, poète satirique, était aussi l'ami du second Scipion.

Second âge de la poésie latine.

40ᵉ Afranius, poète comique, fut l'élève de Térence.

40ᵉ Lucrèce, disciple d'Epicure, employa son talent à célébrer la doctrine de son maître. Il nia la divinité et soutint que le mouvement des atomes avait formé le monde.

40ᵉ Catulle fit contre César deux épigrammes satiriques : il se fit aimer des beaux esprits de Rome par la délicatesse de ses vers.

40ᵉ Labérius réussit très-bien à faire des mimes, qui étaient de petites pièces comiques.

40ᵉ Syrus était Syrien ; il fut le rival de Labérius, et le surpassa, dit-on.

40ᵉ Pollion, célèbre orateur, avait aussi composé des tragédies.

Virgile, rival d'Homère, naquit près de Mantoue. Il fut chéri d'Auguste, et le loua beaucoup dans ses vers. Les *Eglogues*, les *Géorgiques*, les *Bucoliques* et l'*Énéide*, ou les aventures d'Énée, sont les plus fameux de ses ouvrages. Il mourut à Brunduse, âgé de cinquante-deux ans.

Horace, si fameux par ses odes, ses satires, ses épitres et son art poétique, fut contemporain de Virgile, et partagea avec lui l'amitié d'Auguste et celle de Mécène, protecteur des beaux arts.

Ovide fut poète dès l'enfance : on estime beaucoup ses métamorphoses ; on lui reproche d'avoir peu respecté les mœurs. Il mourut en exil, dans le pays des Gètes, près du Pont-Euxin.

Properce et Tibulle parurent en même temps, et se distinguèrent dans le même genre de poésie. On loue la délicatesse de leur style.

Phèdre était né en Thrace ; il composa des fables.

Troisième âge de la poésie latine.

Sénèque, philosophe et poète, a fait plusieurs tragédies. Il avait été précepteur de Néron, et fut mis à mort par l'ordre de ce tyran.

Perse, poète satirique, écrivit sous Néron.

1ᵉʳ et 2ᵉ — Juvénal, fameux poète satirique, parut sous Domitien, Nerva et Trajan.

1ᵉʳ — Lucain composa le poème de la Pharsale ; il mourut par l'ordre de Néron, dont il avait mal parlé dans ses vers.

1ᵉʳ — Pétrone naquit près de Marseille et vécut à la cour de Claude et de Néron. Il s'exerça dans le genre satirique, et se donna lui-même la mort pour prévenir celle à laquelle Néron l'aurait condamné.

1ᵉʳ — Silius Italicus s'est rendu célèbre par son poème de la seconde guerre punique. On estime peu ses vers ; mais on loue la pureté de son langage. Il parut sous Domitien.

1. Stace imita Homère et Virgile ; il mérite une place distinguée après eux.

1. Valerius Flaccus fit un poème sur l'expédition des Argonautes : il vivait sous le règne de Domitien.

1. Martial était Espagnol : il se rendit fameux par ses épigrammes, et vint à Rome sous le règne de Claude. Domitien le protégea.

1. Sulpitia, dame romaine, fit un poème sur l'expulsion des philosophes. Elle vivait du temps de Domitien.

Quatrième âge de la poésie latine.

4 et 5 — Prudence, poète chrétien, était officier à la

cour d'Honorius. On vante la délicatesse de ses vers, qui se rapportent tous à des sujets pieux.

4 Claudien était payen : il vécut sous Arcade et Honorius. Il mérite le premier rang parmi les poètes héroïques qui ont paru après le beau siècle d'Auguste ; mais il est bien loin d'atteindre Virgile.

4 Ausone naquit à Bordeaux ; il vécut à la cour de Valentinien Ier et de Gratien, son fils, dont il fut le précepteur. Il posséda les premières charges, même celle de consul. Son style se ressent du latin qu'on parlait alors, c'est-à-dire qu'il est fort dur.

4 Saint Paulin, évêque de Nole, était de Bordeaux. Il fut chéri d'Ausone, dont il avait été le disciple : on prétend qu'il surpassa son maître. D'abord il ne composa que des sujets profanes ; mais, jeune encore, il renonça au monde et consacra son talent à Dieu seul.

5 Saint Prosper était d'Aquitaine : il s'illustra par son poème sur la grâce, contre les Pélagiens et les Demi-Pélagiens.

5 Saint Sidoine Apollinaire naquit à Lyon. Il était fils d'un préfet du prétoire, gendre de l'empereur Avite. Comme Saint Paulin, il renonça de bonne heure au monde, et ne fit plus de vers depuis qu'on l'eût fait évêque de Clermont, en Auvergne.

siècles
5 et 6 Boëce parut sous Théodoric, roi des Ostrogoths, et fut son principal ministre. Sa poésie est remplie de grandes sentences et de belles pensées.

6 et 7 Fortunat fut évêque de Poitiers. C'est un des plus fameux poètes de l'antiquité chrétienne.

HISTORIENS GRECS.

36 du monde Hérodote était d'Halicarnasse, ville de Carie. L'histoire qu'il a écrite, commence au règne de Cyrus, et s'étend jusqu'à la bataille de Mycale, sous le règne de Xerxès. Le style de cet historien est doux et coulant; mais on lui reproche trop de crédulité dans quelques-uns de ses récits.

36 Thucidide, contemporain d'Hérodote, a écrit l'histoire des vingt et une premières années de la guerre du Péloponèse. Son style est vif, concis et véhément.

36 Xénophon, plus jeune que Thucidide de vingt ans, fut grand philosophe, grand historien, grand général. Il écrivit la *Cyropédie* ou histoire du grand Cyrus, et celle du jeune Cyrus, avec la fameuse retraite des dix-mille, ainsi qu'une histoire grecque, qui commence où finit

celle de Thucidide, et va jusqu'à la bataille de Mantinée. Son style est simple et grâcieux.

30 Polybe était de Mégalopolis, ville du Péloponèse. Son père se nommait Lycortas ; il était grand homme d'état et habile capitaine, parmi les Achéens. Polybe a écrit la vie de Philopémen, l'histoire de la guerre de Numance et une histoire universelle, qui contenait l'espace de cinquante-trois ans, depuis le commencement de la seconde guerre punique jusqu'à la conquête du royaume de Macédoine par les Romains.

40 Diodore de Sicile vivait sous Jules-César et Auguste. Il a fait une histoire universelle.

40 Denys d'Halicarnasse vint à Rome du temps de César-Auguste. Il est auteur d'un ouvrage, qui a pour titre : *Les antiquités romaines*.

1. s. de l'ère chrét. Plutarque naquit à Chéronée, ville de Béotie ; il écrivit la vie des hommes illustres, grecs et latins.

2 et 3 Arrien de Nicomédie vécut à Rome, sous Adrien, Antonin et Marc-Aurèle. Il raconte, dans ses ouvrages, les expéditions d'Alexandre.

HISTORIENS LATINS.

39 Caton le Censeur explique, dans son histoire, l'origine de toutes les villes d'Italie. Son style est d'une grande simplicité.

Salluste passe pour le premier des historiens romains. On remarque, dans ses écrits, une brièveté, qui vient de la force et de la vivacité de son génie.

Cornélius-Népos vivait du temps de Jules-César et d'Auguste. Il a écrit la vie de plusieurs grands hommes : son style est d'une noble simplicité.

Tite-Live naquit à Padoue ; il écrivit une histoire romaine, qui comprend l'espace de 743 ans. On remarque, dans ses ouvrages, une éloquence parfaite en tout genre.

Jules-César se distingua autant par l'esprit que par le courage. Le livre de ses commentaires a toujours été regardé comme un chef-d'œuvre.

Tacite, consul sous l'empereur Néron, est un des plus grands historiens que Rome ait produits ; il écrivit la vie de plusieurs empereurs.

Quinte-Curce a écrit l'histoire d'Alexandre-le-Grand. Son style est fleuri et agréable ; mais on lui reproche quelques longueurs, et un brillant affecté que réprouve le bon goût.

Florus a fait un abrégé d'histoire romaine, depuis Romulus jusqu'à Auguste.

Suétone florissait sous l'empire de Trajan et celui d'Adrien ; il a écrit l'histoire de plusieurs empereurs.

4 Ammien Marcellin était Grec de nation ; il servait dans les armées romaines, du temps de Constance. Il écrivit, en mauvais latin, l'histoire de quelques empereurs ; il était payen et fort attaché à Julien l'apostat.

ORATEURS GRECS.

36 du monde Lysias vivait à athènes du temps de Socrate.

36 Isocrate, Athénien, parut dans le même temps que Lysias. Il ouvrit à Athènes une école d'éloquence.

37 Démosthène, Athénien, est cité comme un des plus grands orateurs de l'antiquité payenne

37 Eschine, rival de Démosthène, est plus diffus dans son style.

38 Démétrius de Phalère, qui gouverna Athènes pendant dix ans, avait un style orné, fleuri, élégant, mais dépourvu de force et de vigueur.

ORATEURS LATINS.

39 Les orateurs du premier âge, les plus connus, sont : Caton le Censeur, les Gracques, Scipion Emilien, Lélius. Leur style était dur, mâle et vigoureux.

^{siècles}
40 Ceux du second âge sont Antoine, Crassus, Cotta et Sulpicius.

40 Le troisième âge est le beau siècle de l'éloquence. Parmi les plus célèbres orateurs, on peut nommer : Hortensius, Brutus et Messala, qui se firent un grand nom chez les Romains ; mais Cicéron les efface tous. Il prit des leçons en Grèce et à Rome. Son style est tout à la fois simple, orné, sublime. Il fut à Rome ce que Démosthène avait été à Athènes.

2 de l'ère chrét. Le quatrième âge fut celui de la décadence des belles-lettres à Rome. On ne peut guère citer que Pline le jeune, qui fit le panégyrique de Trajan. Il était neveu de Pline le naturaliste, qui l'adopta pour son fils.

~~~~~~~~~~~~~~~~~~~~~~~~~~~~~~~~~~~~

PHILOSOPHES GRECS.

La philosophie, chez les Grecs, s'est divisée en deux grandes sectes : l'une appelée l'*ionique*, fondée par Thalès, qui était d'Ionie ; l'autre, nommée l'*italique*, parce que c'est dans cette partie de l'Italie, appelée la Grande-Grèce, qu'elle a été établie par Pythagore. L'une et l'autre se partagent en plusieurs branches,

Philosophes de la secte ionique.

35 — Thalès a déjà été nommé parmi les sages de la Grèce.

35 — Anaximandre fut son disciple et son successeur.

35 — Anaximène vint ensuite ; il eut pour disciple Anaxagore, maître de Périclès.

36 — Archélaüs d'Athènes fut le maître de Socrate.

36 — Socrate est regardé comme le fondateur de la philosophie morale, chez les Grecs.

36-37 — Xénophon fut un des plus illustres disciples de ce grand homme.

37 — Platon reçut aussi des leçons de Socrate et devint célèbre comme son maître. Ses disciples les plus remarquables sont : Speusippe, son neveu, Xénocrate de Calcédoine et le fameux

37 — Aristote, précepteur d'Alexandre.

37 — Diogène fut le disciple d'Antisthène, et imita sa manière de vivre : comme lui, il avait un profond mépris pour les honneurs et les richesses, et même pour le genre humain.

37-38 — Zénon fut le chef de la secte des Stoïciens ; ce nom vient d'un mot grec, qui veut dire galerie, portique, parce que ce philosophe donnait ses leçons dans une galerie.

1-ère chrét. — Epictète suivit la même secte que Zénon : il

réduisait toute sa philosophie à savoir *souffrir et s'abstenir.*

Philosophes de la secte italique.

^{35 du monde} Pythagore, qui en fut le chef, était de Samos ; il vivait du temps de Tarquin-le-Superbe. Après de longs voyages, il s'établit à Crotone en Italie. Il avait des idées fausses sur la divinité : la métempsycose était le principal dogme de sa philosophie.

36   Empédocle, philosophe pythagoricien, était aussi poète, historien, médecin. Agrigente, ville de Sicile, était sa patrie.

35   Héraclite reçut le surnom de *Pleureur.* Il avait pris les hommes en aversion, et se retira sur une montagne pour y vivre parmi les bêtes sauvages.

35-36   Démocrite naquit en Thrace ; il voyagea beaucoup. Il riait et se moquait de tout, et semblait ne se soucier de rien.

36   Pyrrhon apprit à douter de tout.

37-38   Epicure était d'Athènes : sa doctrine perverse était tout-à-fait opposée à celle des Stoïciens.

~~~~~~~~~~~~~~~~~~~~~~~~~~~~~~~~~~~~~~

Les plus fameux géographes de l'antiquité furent Strabon et Ptolémée.

SCULPTEURS GRECS.

36   Phidias, athénien, occupe le premier rang. Ses ouvrages les plus fameux sont la statue de Minerve, à Athènes, et celle de Jupiter Olympien, dans la ville d'Olympie : on met ce chef-d'œuvre au nombre des sept merveilles du monde.

36   Polyclète était de Sicyone, ville du Péloponèse ; il perfectionna l'art de la sculpture.

36   Myron était athénien ; il fut disciple de Polyclète.

37   Lysippe naquit à Sicyone ; il fit la statue d'Alexandre.

37   Praxitèle fit plusieurs statues dont on vante la beauté.

36   Scopas était de l'île de Paros ; il travailla au tombeau de Mausole, prince d'Halicarnasse. Ce monument a été mis au nombre des sept merveilles du monde.

PEINTRES GRECS.

36   Panénus, frère de Phidias, représenta la fameuse bataille de Marathon.

36   Polygnote peignit, dans un portique d'Athènes, les principaux événemens de la guerre de Troie.

9*

siècles

36 Apollodore, athénien, perfectionna beaucoup l'art de la peinture.

36-37 Zeuxis fut le disciple d'Apollodore et le surpassa. Il eut plusieurs rivaux, entr'autres : Ti-

36-37 manthe et Parrhasius : celui-ci porta la peinture à une grande perfection pour le dessin, et Zeuxis pour le coloris. Timanthe peignit le sacrifice d'Iphigénie.

36-37 Pamphile forma une école de peinture, d'où sortirent d'illustres disciples, parmi lesquels

37 on peut citer: Mélanthe et Apelle : ce dernier a mérité le premier rang parmi les peintres: ses tableaux se faisaient remarquer par une grâce inimitable. Il fut aimé d'Alexandre, qui ne permit qu'à lui seul de faire son portrait. Parmi ses ouvrages, on peut citer le tableau de la calomnie, qu'il fit pour se venger de ceux qui avaient voulu le perdre à la cour de Ptolémée, roi d'Egypte.

37 Aristide de Thèbes réussit très-bien à peindre, dans ses tableaux, les sentimens de l'âme.

37 Protogène fut ami et rival d'Apelle, qui fit connaître le mérite de ce peintre aux habitans de Rhodes, ses concitoyens.

37 Pausias de Thèbes et Nicias d'Athènes méritent aussi d'être nommés parmi les peintres célèbres.

ABRÉGÉ

DE

L'HISTOIRE UNIVERSELLE.

Première époque.

L'histoire est le récit de tout ce qui s'est passé de mémorable depuis la création du monde jusqu'à nos jours. Pour bien comprendre l'histoire, il est nécessaire de la diviser en époques principales ; nous en distinguerons six, depuis la création du monde jusqu'à la fondation de Rome, et trois depuis la fondation de Rome jusqu'à la naissance de N. S. J.-C.

La première époque comprend l'espace renfermé entre la formation de l'homme et le déluge.

1er Nous y voyons la création même, chef-d'œuvre admirable du Tout-puissant. Le bonheur de l'homme, sa chute funeste, la consolante

2 promesse du Messie. Bientôt après, Caïn apprend aux hommes à se souiller du sang humain, il tue son frère Abel, et devient errant et vagabond sur la terre. Il fonde la première ville, et c'est à ses enfans qu'on doit la connaissance des premiers arts. Mais leur corruption attire sur eux la colère de Dieu. Les enfans de Seth perdent aussi leur innocence qu'ils avaient conservée jusqu'alors, et méritent les châtimens de Dieu, qui punit les hommes par le déluge. Noé reste seul pour repeupler le monde. Ici se termine la première époque.

Seconde époque.

La seconde époque s'étend jusqu'à la vocation d'Abraham, et nous présente le changement de nourriture ; le décroissement de la vie humaine, quelques préceptes donnés à Noé, la construction de la tour de Babel, la confusion des langues, la séparation des hommes et le partage de la terre entre les enfans de Noé. L'Asie échut à Sem, l'Europe à Japhet, l'Afrique à Cham. Un peu après ce partage du genre humain, Nemrod devint, par son humeur farouche, le premier des conquérans ; il fut appelé le fort chasseur. Il établit son royaume à Babylone, où la tour de Babel avait été commencée ; vers le même temps, Ninive fut aussi bâtie, et plusieurs royaumes établis ; on en comptait quatre dans la seule Égypte ; ceux de Thèbes, de Thin, de Tanis, de Mymphis. On peut ici placer le commencement des lois et de la politesse des Egyptiens ; la construction des pyramides, une des sept merveilles du monde ; les premières observations des Chaldéens sur l'astronomie datent aussi de la même époque. On voit les lois s'établir, les empires se former, et le genre humain sortir de l'ignorance. Les arts sont inventés ou perfectionnés, les hommes se multiplient, la terre se peuple ; on passe les montagnes et les précipices, on traverse les fleuves et enfin les mers. La terre change de face, et les bois abattus font place aux champs, aux pâturages, aux bourgades, aux villes. On apprivoise les animaux, on combat les bêtes féroces, et c'est ici où se signalèrent les premiers héros. L'homme sut aussi adoucir les fruits et les plantes ; il sut même faire plier les métaux à son usage. Mais en même temps ses mœurs se corrompirent, il n'écouta plus les lumières de la raison et adora tout, excepté Dieu lui-même il s'abandonna à l'idolâtrie. Le Seigneur alors appela Abraham à son service. Ici se termine la seconde époque.

siècles

Troisième époque

La troisième époque s'étend jusqu'à la loi donnée à Moïse et renferme les promesses faites à Abraham, l'histoire de son fils Isaac, la naissance de Jacob et d'Esaü, la bénédiction accordée au premier, la colère du second, la fuite de Jacob, son retour en Chanaan, l'imprudence de Dina sa fille, la captivité de Joseph, sa gloire, l'arrivée de Jacob en Egypte, sa célèbre prophétie et sa mort, celle de Joseph, la multiplication de leurs enfans, leur servitude. En même temps les Egyptiens s'établissent dans différens endroits de la Grèce. Cécrops fonde douze bourgs dont il compose le royaume d'Athènes, où il établit avec les lois de son pays les dieux qu'on y adorait. Un peu après arrive le déluge de Deucalion, confondu par les Grecs avec le déluge universel. Hellen, fils de Deucalion, règne en Thessalie, et donne son nom à la Grèce, dont les peuples prennent le nom d'Hellènes. Cadmus, fils d'Agénor, fonde la ville de Thèbes, dans cette partie de la Grèce, appelée Béotie, et y fait adorer les dieux de Syrie et de Phénicie. En ce même temps, Moïse est choisi de Dieu pour délivrer son peuple : il frappe l'Egypte de dix fléaux terribles, pour contraindre

Pharaon à laisser partir les Israélites. Ceux-ci passent la mer rouge à pied sec ; tandis que leurs ennemis y sont engloutis. Ils arrivent au pied de la montagne de Sinaï où Dieu leur donne sa loi. Ici se termine la troisième époque.

Quatrième époque.

La quatrième s'étend jusqu'à la ruine de Troie, et nous présente d'abord les miracles sans nombre que Dieu opère en faveur de son peuple : la manne tombe du ciel ; les rochers se changent en fontaines, mais le cœur des hébreux, plus dur que des pierres, paie souvent d'ingratitude les bienfaits du Seigneur, et ils errent pendant quarante ans dans le désert. Josué les introduit enfin dans la terre promise. Les Egyptiens continuent l'établissement de leurs colonies. Danaüs se fait roi d'Argos, et en chasse les anciens rois venus d'Inachus. Pélops, phrygien, fils de Tantale, règne dans le Péloponèse, et lui donne son nom. Bel, qu'on dit être le même que Nemrod, roi des Chaldéens, reçoit de ses sujets les honneurs divins. Les Israélites, qui avaient été délivrés de la servitude de Chusan, roi de Mésopotamie, par Othoniel, et ensuite de celle d'Eglon, roi de Moab, par Aod, retombent encore dans l'idolâtrie et deviennent tributaires de Jabin, roi de Chanaan. Dieu suscite alors Débora, et son peuple est sauvé. Trente ans après, Gédéon, sans combattre, défait les Madianites. Abimélec, son fils, usurpe l'autorité par le meurtre de ses frères ; il l'exerce tyranniquement, et meurt de la main d'une femme.

Peu après Jephté ensanglante sa victoire sur les Ammonites par le vœu indiscret qu'il avait fait. Durant ce siècle il se passait des choses très-remarquables parmi les Gentils. Il faut placer à ce temps, selon quelques historiens, le règne de Ninus, fils de Bel, la fondation du premier empire des Assyriens, dont le siége fut Ninive, ville déjà ancienne. Sous ce prince, on doit mettre le renouvellement de la ville de Tyr, si fameuse par son commerce.

Bientôt après on trouve les fameux combats d'Hercule, fils d'Amphitryon, et ceux de Thésée, roi d'Athènes, qui ne fit qu'une ville des douze bourgs de Cécrops, et donna une meilleure forme au gouvernement des Athéniens. Durant le temps de Jephté, pendant que Sémiramis, veuve de Ninus et tutrice de Nynias, augmentait l'empire des Assyriens par ses conquêtes, la fameuse ville de Troie fut réduite en cendres, après un siége de dix ans, malgré le courage de Priam, son roi, du vaillant Hector, et de ceux qui s'étaient armés en sa faveur ; car c'est ici qu'il faut placer la vie de ces héros et demi-dieux. Un peu auparavant, sous le règne de Laomédon, père de Priam, paraissaient les héros de la Toison d'Or : Jason, Hercule, Thésée, Orphée, Limnus, Castor, Polux, Musée et Pirithoüs. Sous le règne de Priam même, brillèrent Hector, Sarpédon, fils de Jupiter, Énée, fils de Vénus, Pâris, Achille, Agamemnon, Ménélas, Ulysse, les deux Ajax, Nestor, Idoménée, Mérion, et la fameuse Pentésillée, reine des Amazônes. C'est ici où se termine cette époque, qui renferme ce que les temps fabuleux ont de plus beau.

Cinquième époque.

La cinquième époque s'étend jusqu'à la fondation du temple de Salomon, et nous montre la force prodigieuse de Samson, sa faiblesse étonnante ; Héli, souverain pontife, vénérable par sa piété, et malheureux par les crimes de ses enfans ; Samuel, juge irréprochable et prophète choisi de Dieu pour sacrer les rois. Saül monte sur le trône d'Israël, en même temps que les Athéniens, fatigués des discussions de Nilée et de Médon, fils de Codrus, qui s'était dévoué à la mort pour son peuple, déclarent Jupiter seul

10

roi d'Athènes, et établissent des magistrats perpétuels, nommés archontes, pour les gouverner ; Médon, fils de Codrus, est choisi le premier. Les Athéniens fondent aussi des colonies et les envoient en Ionie, petite partie de l'Asie mineure, où les colonies éoliennes s'établissent à peu près dans le même temps. Cependant nous voyons, parmi les Israélites, la désobéissance de Saül, qui fut si funeste, sa réprobation, le sacre de David, qui, vainqueur du fier Goliath, triomphe de la rage de Saül, et règne paisiblement sur Israël. Il eut pour successeur son fils Salomon, dont les mains pures de sang furent jugées dignes d'élever un temple à Dieu.

Sixième époque.

La sixième époque commence et dure jusqu'à la fondation de Rome. Nous y voyons la construction de ce fameux temple, une des sept merveilles du monde ; sa dédicace, la sagesse de Salomon, ses honteuses faiblesses qui le font tomber dans l'idolâtrie, et attirent les châtimens de Dieu sur son fils Roboam. Celui-ci perdit, par son orgueil, dix tribus : elles se séparent de Juda et obéissent à Jéroboam, qui fonde le royaume d'Israël, où règne l'idolâtrie : cette séparation des tribus est ce qu'on appelle le schisme de Samarie. Vers ce temps, les rois d'Egypte deviennent puissans, et le grand Sésostris pousse ses conquêtes jusqu'aux Indes. Cependant Abia, Asa, ensuite Josaphat, règnent sur Juda ; ce dernier est loué dans l'Ecriture ; il vivait en même temps qu'Achab, roi d'Israël, qui rivalisait de cruauté avec Jézabel sa femme ; il meurt enfin misérablement, après s'être souillé du sang de Naboth. Elie et Elisée remplissaient Israël de prodiges ; le premier fut ravi au ciel. Vers ce même temps, on doit placer la fondation de Carthage, par Didon, princesse Tyrienne, qui, par l'alliance de ses sujets avec les Africains, fit de Carthage une ville commerçante et guerrière. Homère florissait alors: Hésiode avait paru trente ans avant lui. Les affaires de Juda changent de face : Athalie place l'impiété sur le trône de Josaphat. Elle régna seule après la mort de Joram, son mari, d'Ochosias, son fils, et des fils de ce prince, qu'elle fit massacrer. Le seul Joas échappe au carnage ; il est élevé sur le trône par les soins du grand-prêtre Joyada. Lycurgue donnait des lois à Sparte. Cependant Joas oublie les bienfaits de Dieu et s'abandonne à l'idolâtrie ; il fait lapider le fils de son bienfaiteur, et périt lui-même assassiné. Amasias, son fils,

siècles fut meilleur que lui. Le royaume d'Israël, abattu par les rois de Syrie, reprenait des forces sous Jéroboam II. Osias régnait en Juda ; sous son règne, et sous celui de Joathan son fils, Osée et Isaïe publièrent leurs prophéties. Les Jeux Olympiques, institués par Hercule, furent rétablis l'an du monde 3228, et de là datent
33 les Olympiades par où les Grecs comptaient les années. L'Italie était presque toute sauvage. Les rois de la postérité d'Enée régnaient à Albe. Phul était roi d'Assyrie ; on le croit père de Sardanapale, et le même qui fit pénitence à la prédication de Jonas. Ce prince, attiré par les brouilleries du royaume d'Israël, venait l'envahir ; mais, apaisé par le roi Manahem, il l'affermit sur le trône, et reçut un tribut de mille talens. Sous Sardanapale, son fils, et après Alcméon, dernier archonte perpétuel des Athéniens, ce peuple diminua le pouvoir des magistrats, et la durée de leur administration ne fut plus que de dix ans. Romulus et Rémus, petits-fils de Numitor, roi d'Albe, furent nourris dans les forêts; étant devenus grands, ils rétablirent leur grand-père sur le trône, et, bientôt après, fondèrent la ville de Rome, du temps que Joathan régnait en Juda, l'an du monde 3256, avant N.S.J.C., 748 ans.

Septième époque.

La septième s'étend jusqu'à la captivité de Babylone. Vers le temps de la naissance de Rome, la faiblesse de Sardanapale attira la chute du premier empire des Assyriens. De cet empire on voit s'élever trois grands états: celui des Mèdes, fondé par Arbace; le second royaume des Assyriens, fondé par Théglathphalasar; et celui de Babylone, par Nabonassar. Les anciens astronomes comptaient leurs années du règne de ce prince. Théglathphalasar réduisit le royaume d'Israël à l'extrémité. Salmanasar le ruina, malgré les efforts de Sua, roi d'Éthiopie. Les dix tribus furent emmenées captives à Ninive, et se confondirent parmi les autres nations. Vers ce temps arriva la mort de Romulus, qui fut toujours en guerre et toujours victorieux. Numa, son successeur, au moyen d'une longue paix, adoucit les mœurs farouches de ses sujets. Dans ce temps les colonies de Corinthe fondèrent Syracuse en Sicile, Crotone et Tarente. Ézéchias régnait en Juda; Sennachérib vint l'assiéger; son armée fut exterminée par un ange. Manassès, fils d'Ézéchias, appela l'impiété sur le trône de Juda. Pendant qu'Asarhaddon, fils de Sennachérib, étendait considérablement le royaume des Assyriens et y joignait celui de Babylone. Déjocès, premier roi des Mèdes, fonda la superbe ville d'Ecbatane. Rome s'accrut sous le règne de Tullus Hostilius ; elle dut au fameux combat des Horaces et des Curiaces la souveraineté de la ville d'Albe. Le royaume d'Égypte, affaibli par de longues divisions, reprit des forces sous Psammétique ; et les Egyptiens entrèrent en commerce avec les Grecs. Saosduchin, fils d'Asarhaddon, le même que Nabuchodonosor du livre de Judith, défit Arphaxad, roi des Mèdes, et, enflé de sa victoire, il voulut conquérir le monde entier ; mais il fut arrêté par une femme. Amon régnait en Juda : ce fut un prince impie. Son fils Josias, sage dès l'enfance, songeait à réparer les désordres de ses prédécesseurs, pendant qu'Ancus Marcius agrandissait le territoire de Rome. Le royaume de Babylone fut envahi par Nabopolassar, qui s'était joint à Astyage, roi des Mèdes, pour détrôner son maître ; il détruisit Ninive, si long-temps maîtresse de l'Orient. Son fils Nabuchodonosor, encore plus illustre que lui, ravagea la Judée, que Dieu avait enfin abandonnée, et emmena le peuple captif à Babylone. Les prophètes Daniel et Ezéchiel vivaient alors. Les sept sages illustraient la Grèce ; Solon donnait des lois à Athènes; les Phocéens menaient à Marseille leurs premières colonies; Tarquin l'Ancien achevait son règne, après avoir orné Rome d'ouvrages magnifiques. De son temps, les Gaulois, guidés par Bellovèse, occupèrent, en Italie, tous les environs du Pô, pendant que Ségovèse, son frère, conduisait en Germanie un autre essaim de la nation. Servius Tullius, sixième roi de Rome, établit le cens. Evilmérodach, fils de Nabuchodonosor, fut tué par Néréglissor, son beau-frère, qui monta sur le trône, et déclara la guerre aux Mèdes. Cyaxare, leur roi, mit Cyrus, son neveu, à la tête de ses troupes. Ce jeune prince vainquit le roi d'Arménie, Crésus, roi de Lydie, et les autres alliés du roi de Babylone, et vint enfin mettre le siége devant cette ville qu'il soumit à Cyaxare : ce prince lui donna sa fille unique Mandane en mariage. Cyrus, après la mort de son oncle et celle de Cambyse, son père, se vit maître d'un vaste empire dont le siége fut Babylone. Dès la première année de son règne, il permit aux Juifs de retourner en Judée et de rétablir le temple de Dieu à Jérusalem.

Huitième époque.

La huitième s'étend jusqu'à la ruine de Carthage. La reconstruction du temple de Jérusalem fut souvent traversée par les Samaritains. Environ vers ce temps, Servius Tullius conçut le projet de faire une république de l'état romain ; mais la cruelle Tullie, sa fille, et Tarquin, son gendre, le prévinrent, et le firent mourir. Tarquin le Superbe monta sur le trône ; tandis que les Perses faisaient la conquête de la Syrie et de l'Egypte, sous la conduite de Cambyse, fils de Cyrus. Ce prince fit tuer Smerdis, son frère, et périt bientôt, au moment où il allait étouffer la conspiration de Smerdis le mage, qui s'était emparé du trône. Cet usurpateur ne le conserva pas long-temps : sept seigneurs se liguèrent contre lui et le firent périr. Darius Histaspe, l'un d'eux, monta sur le trône : c'est sous le règne de ce prince que commença la liberté de Rome et d'Athènes, ainsi que la plus grande gloire de la Grèce. Harmodius et Aristogiton furent les libérateurs d'Athènes, et Lucrèce le fut de Rome ; mais ces deux peuples eurent de longs combats à soutenir. Darius s'arma pour le fils de Pisistrate ; tandis que Porsenna, armé pour les Tarquins, menaçait Rome d'une ruine prochaine ; cette ville fut sauvée par la prudence de Valérius Publicola, le courage intrépide d'Horatius Coclès, la hardiesse de la jeune Clélie et l'audace de Mucius Scévola.

Rome ne fut pas long-temps tranquille ; le peuple, accablé de dettes, se retira sur le mont Sacré, d'où il ne consentit à rentrer dans la ville qu'après avoir obtenu des magistrats, connus sous le nom de tribuns et l'abolition des dettes. Cependant les Athéniens, guidés par Miltiade, Thémistocle et Aristide, bravaient à Marathon les efforts de la Perse. Rome était encore en proie aux dissentions domestiques : elle exila le fameux Coriolan, qui, à la tête des Volsques, la menaça d'une ruine entière, et n'accorda son salut qu'aux larmes de Véturie, sa mère, et de Volomnie, son épouse. D'un autre côté Xerxès, roi de Perse, avait juré la ruine de la Grèce : il y conduisit une armée formidable. Vingt mille des siens furent arrêtés au défilé des Thermopyles par trois cents Spartiates, que commandait Léonidas. La même année, malgré la valeur d'Artémise, reine de Carie, il perdit le combat naval de Salamine. Un an après, son armée fut encore taillée en pièces à Platée, par Pausanias et Aristide : le même jour, Léotychilde lui tuait trente mille hommes, à la bataille de Mycale en Asie. Un peu auparavant, les Carthaginois avaient fait de vains efforts pour s'emparer de la Sicile, qui devint un théâtre de sanglants combats. Pausanias, vainqueur à Platée, trahit sa patrie et

siècles trouva la mort. Xerxès périt aussi, assassiné par Artaban. Son fils Artaxerxe-Longue-Main monta sur le trône ; ce prince protégea les Juifs et permit à Néhémias de rebâtir les murailles de Jérusalem. Il accorda aussi sa protection à Thémistocle que les Athéniens avaient exilé. A cet endroit, on doit rapporter l'ambassade que les Romains envoyèrent en Grèce, pour y recueillir un code de lois. Dix magistrats, nommés décemvirs, furent chargés de le rédiger ; ils reçurent un pouvoir absolu ; mais la conduite odieuse d'Appius, l'un d'entr'eux, révolta le peuple, et la mort de Virginie rendit à Rome sa première liberté. Esdras et Néhémias guidaient le peuple de Dieu ; Hérodote commençait à écrire l'histoire, pendant qu'Artaxerxe, vaincu par Cimon, général athénien, ne songeait qu'à profiter des troubles de la Grèce pour l'envahir. La guerre du Péloponèse éclate. Athènes et Sparte avaient juré de s'entre-détruire ; la dernière succomba et devint tributaire de Lacédémone ; après une guerre de vingt-sept ans, où brillèrent: Périclès, qui donna son nom à son siècle, Alcibiade, Trasybule, Théramène, athéniens ; Lysandre, Brasidas et Mindare, spartiates. Socrate et Platon vivaient aussi dans le même temps. Les Perses, qui avaient protégé les Spartiates, eurent lieu de s'en repentir ; car ceux-ci aidèrent de leurs troupes le jeune Cyrus, qui voulait détrôner son frère Artaxerxe-Mnémon, successeur de Darius-Nothus. Ce jeune ambitieux trouva la mort, et laissa sans ressource les dix mille Grecs qui l'avaient suivi. Ceux-ci, commandés par Xénophon font alors cette admirable retraite des dix mille. En ce temps, Veïes, assiégée par les Romains, fut prise par le grand Camille, après dix ans de siége. Au bout de quelque temps, les Gaulois Sénonais entrèrent en Italie, assiégèrent Clusium et se rendirent maîtres de Rome, après le gain de la fameuse bataille d'Allia; le capitole fut sauvé par Manlius, et la république le fut par Camille. Les Gaulois sortirent de l'Italie. Epaminondas et Pélopidas, illustres Thébains, surent abaisser la puissance de Lacédémone : celle de Philippe, roi de Macédoine, s'élevait alors, et ce prince, malgré les Perses et les harangues de Démosthène, assujettit la Grèce, après la bataille de Chéronée, et résolut de porter la guerre en Asie, mais la mort le prévint. Alexandre, son fils, dompte les peuples rebelles, pacifie la Grèce, ruine Thèbes, marche contre Darius-Codoman, le défait au passage du Granique, à Issus, où il fait la famille de ce prince prisonnière; il est encore vain-

siècles queur à Arbelles. Cette dernière victoire anéantit l'empire Persan : le roi de Macédoine entre triomphant à Suse, à Babylone; pousse ses conquêtes jusqu'aux Indes et meurt à l'âge de trente-trois ans. Ce prince, d'abord irrité contre les Juifs, leur fut favorable et leur accorda leurs demandes dans le cours de ses conquêtes. Les Romains étaient aux prises avec les Samnites ; ils eurent besoin de soixante-dix ans pour les soumettre, malgré la valeur de Papirius Cursor, Curius Dentatus, Fabricius et bien d'autres encore. Ils reçurent un affront sanglant aux Fourches-Caudines, où ils passèrent sous la le joug des Samnites. Cependant les capitaines d'Alexandre avaient immolé toute sa famille à

38 leur cruelle ambition. Un grand nombre de royaumes se formèrent des débris de son empire, ceux de Bithynie, de Pont, de Cappadoce, de Pergame ; mais les quatre principaux sont ceux de Syrie, où régna Séleucus, d'Egypte, où régna Ptolémée, de Thrace, où régna Lysimaque; celui de Macédoine échut à Cassandre, fils d'Antipater. Ce dernier pays fut le théâtre des guerres les plus sanglantes. Pyrrhus l'enleva aux enfans de Cassandre, et en fut dépouillé par Démétrius-Poliocerte qui en fut chassé. Lysimaque se le vit enlever par Séleucus. Les Gau-

lois à leur tour vinrent le ravager et périrent à Delphes, pendant qu'un autre essaim de la nation s'établissait en Asie, dans une province, qui, de leur nom, fut appelée Galatie, et qu'une autre encore était aux prises avec Rome. Cependant Antigone Gonathas, fils de Démétrius, envahit la Macédoine et la posséda paisiblement. Il soumit aussi la Grèce qu'Aratus et Philopémen illustraient encore. Pyrrhus entreprit alors la conquête de l'Italie, où il fut appelé au secours des Tarentins. Vainqueur des Romains, à la bataille du Siris, il fut vaincu à Bénévent, et se vit obligé de quitter l'Italie, qui bientôt ne reconnut d'autres maîtres que les Romains. Ceux-ci songèrent à la conquête du monde entier. Ils vinrent aux prises avec les Carthaginois, et cette première guerre punique leur coûta vingt-quatre années de combats. Amilcar, Régulus, Lutatius y acquirent une gloire immortelle. La guerre d'Illyrie suivit de près, et la fière Teuta reçut les lois des Romains. La Sardaigne leur était déjà soumise, et les Gaulois éprouvèrent encore la valeur de leurs armes : la ville de Milan fut prise et les environs du Pô assujettis. Bientôt Rome tremble à son tour devant Annibal, qui assiége et prend Sagonte, ville alliée des Romains, traverse l'Elbe et les

Pyrénées, fond sur les Gaules, franchit les Alpes, est vainqueur aux batailles du Tésin, de la Trébie, de Trasimène et de Cannes ; mais il néglige de marcher droit à Rome, que trois grands hommes sauvèrent alors. Marcellus, surnommé l'épée des Romains, vainquit Annibal à Nole, fit rentrer la Sicile dans le devoir par la prise de Syracuse, et périt pour sa patrie. Fabius Maximus soutint aussi la guerre avec avantage ; le jeune Scipion prit Carthagène en Espagne, défit Annibal à Zama, et dicta la paix à Carthage. A cette époque, la puissance des Parthes s'établissait en Asie, tandis que les rois d'Egypte et de Syrie se déchiraient mutuellement, et que la philosophie florissait dans la Grèce, à qui les Romains rendaient une ombre de liberté. Après la mort de Philippe, roi de Macédoine, et la défaite de Persée, vaincu par Paul Emile, ce royaume fut réduit en province romaine. Pendant ce temps les Machabées guidaient le peuple de Dieu, et par leurs victoires, le délivraient de l'oppression. Antiochus, roi de Syrie, mourut frappé de la main de Dieu. Peu après Corinthe, dernier rempart de la ligue achéenne, fut prise par le consul Mummius, et, dans le même temps, Carthage et Numance le furent par le second Scipion l'Africain. Ici se termine la huitième époque.

Neuvième époque.

La neuvième époque commence, et ne nous présente d'abord que le spectacle des troubles et des dissensions causées par la rivalité des rois d'Egypte et de Syrie, qui, tantôt assassins et tantôt monarques, remplissent ces deux trônes de sang. Au milieu de ces troubles, les Juifs surent se rendre indépendans et tentèrent même des conquêtes sous la conduite d'Hircan, que protégeaient les Romains. Ceux-ci s'étendirent alors dans les Gaules. Fabius dompta les Allobroges, et la Gaule narbonnaise fut réduite en province romaine. Rome fut troublée au-dedans par la faction des deux Gracques, Tibérius et Caïus, fils de l'illustre Cornélie. Peu après commença la guerre de Numidie, que l'or de Jugurtha fit traîner en longueur. Métellus réduisit en partie ce prince, que Marius défit entièrement ; Sylla s'en rendit maître ; mais la jalousie se mit entre ces deux grands hommes, et Marius, vainqueur des Cimbres, ne put obtenir le commandement de la guerre contre Mithridate, roi de Pont. Sylla en fut chargé, et bientôt la faction de Marius fit mettre sa tête à prix. Le jeune héros, victorieux à son tour, poursuit Marius et ses partisans ; les proscriptions les plus cruelles inondent de sang Rome et l'Italie. La mort de Marius et celle de Sylla ne rétablirent pas la tranquillité. Sertorius, retranché en Espagne, ne peut être vaincu par Pompée. Le gladiateur Spartacus fait à son tour trembler Rome; il est réduit par Crassus. D'un autre côté Lucullus était aux prises avec Mithridate, roi de Pont, et Tigrane, roi d'Arménie. Il ne put les dompter entièrement. Pompée, vainqueur des pirates, fut chargé du commandement de cette guerre. Mithridate succomba enfin, après trente ans d'efforts. Rome donnait des lois à l'Asie et avait à craindre pour elle-même; l'audacieux Catilina voulut devenir le tyran de sa patrie, que sauva le consul Cicéron. Pompée était alors tout-puissant ; mais César commençait à s'élever ; ce vainqueur des Gaules devint son rival ; la politique sembla les unir, et le premier triumvirat se forma. Crassus, qui en était le troisième membre, porta ses armes chez les Parthes et y périt misérablement. La division se mit alors entre ses deux collègues. La bataille de Pharsale décida de leur sort. La tête de Pompée fut remise à César qui devint seul maître du monde. Cependant Brutus et Cassius, espérant sauver la république deviennent les assassins de ce héros. Ils sont pour-

siècles suivis et vaincus à Philippe par Octave et Antoine. Ceux-ci, à leur tour, se disputent l'empire de l'univers, que la bataille d'Actium assure à Octave. Ce prince prend le nom d'Auguste. Il se fait couronner empereur ; la terre entière reconnaît ses lois, et J.C. vient au monde.

Dixième époque.

1ᵉʳ de l'ère chrét. Cette dixième époque s'étend jusqu'au règne de Constantin et commence vers l'an 4004, année de la naissance de Jésus-Christ. Les rois mages viennent l'adorer à Béthléem ; bientôt après J.C. est contraint de fuir en Egypte. Auguste règne paisiblement sur les Romains ; il protége les arts et les sciences, et ferme le temple de Janus. Horace et Virgile portent la poésie latine au plus haut degré de perfection. Mais le règne des beaux-arts finit avec celui d'Auguste. Tibère, son petit-neveu, lui succède. Peu auparavant, le grand Hérode étant mort, les Romains s'emparèrent de sa succession au préjudice de ses enfans.

Rome eut beaucoup à souffrir de la cruelle politique de Tibère. Germanicus, son neveu, apaisa les armées rebelles, refusa l'empire, battit Arminius, et poussa ses conquêtes jusqu'à l'Elbe. L'amour des peuples lui attira la jalousie de son oncle qui le fit périr de chagrin ou de poison. La quinzième année de Tibère, St. Jean-Baptiste paraît sur les bords du Jourdain. J. C. se fait baptiser par lui; la Sainte Trinité se manifeste, la prédication de J.-C. commence : ses miracles sans nombre prouvent sa divinité ; mais l'envie des Juifs accomplit les desseins du Très-Haut. J. C. expire sur la croix, pour racheter le monde. La terre tremble, le soleil perd sa lumière, la nature entière est troublée. Trois jours après, il sort victorieux du tombeau, apparaît à ses disciples, pendant quarante jours, et s'élève vers les cieux, de la cîme du mont des Oliviers. Le Saint-Esprit descend sur les apôtres et les rend des hommes tout nouveaux. Ils prêchent la loi de J.C., et déjà le paganisme a tremblé. St. Etienne est lapidé, et St. Paul devient l'apôtre des Gentils. Cependant Tibère meurt. Caligula, son petit-neveu, lui succède ; il étonne l'univers par les excès de ses folies et de ses cruautés. Il se fait adorer, et ordonne que sa statue soit mise dans le temple de Jérusalem. Chéréas délivre enfin la terre de ce monstre. Claudius, malgré sa stupidité, monte sur le trône, Messaline le déshonore, il la fait mourir et la redemande ensuite. On le remarie avec Agripine fille de Germanicus. Les apôtres s'assemblent à Jérusalem et y tiennent le premier concile. Cependant Claude déshérite son fils Britannicus pour adopter Néron, fils d'Agrippine. En récompense, celle-ci l'empoisonne ; mais elle périt ensuite, assassinée par les ordres de son fils. Ce monstre persécute les chrétiens et se rend odieux par ses crimes. S. Pierre et S. Paul reçoivent la couronne du martyre. D'un autre côté, Corbulon remportait d'illustres victoires contre les Parthes et les Arméniens. Néron, abandonné de tous les siens, se tua lui-même. Chaque armée choisit un empereur. La querelle se décida par d'effroyables combats dans l'enceinte de Rome. Galba, Othon, Vitellius y périrent. L'empire se reposa sous Vespasien. Les Juifs furent réduits à l'extrémité : Jérusalem fut prise et ruinée par Titus. Ce prince, modèle des rois, ne fit que paraître. Domitien fit revivre le règne de Néron. La persécution se renouvela contre les chrétiens. S. Jean, sorti de l'huile bouillante, fut relégué dans l'île de Patmos, où il écrivit son apocalypse. Peu de temps après il écrivit son évangile. Domitien fut tué, et Nerva eut un règne paisible : sa gloire fut d'avoir Trajan pour successeur. Ce prince dompta les Daces et Décébale leur roi, siècles poussa ses conquêtes jusqu'en Orient, donna un roi aux Parthes, et leur fit craindre la puissance des Romains. Rome jouit d'une profonde paix ; mais les chrétiens furent persécutés. Quelques injustices terminèrent un règne illustre. Celui d'Adrien fut aussi mêlé de bien et de mal. Ce prince maintint la discipline militaire, vécut lui-même militairement, soulagea les provinces, fit fleurir les arts. Il sut tenir les Barbares dans la crainte. Jérusalem fut rebâtie sous le nom d'Ælia ; mais les Juifs en furent bannis. Antonin-le-Pieux fit goûter le bonheur aux Romains. Il adopta Marc-Aurèle qui marcha sur ses traces. Il persécuta cependant les chrétiens. La mauvaise conduite de Lucius Vérus, son frère et son collègue, ni celle de Commode, son fils et son successeur, ne purent effacer la gloire de son règne. Pertinax, défenseur de la discipline militaire, périt par la main des soldats. L'empire, mis à l'encan, trouva un acheteur. Didius Julianus hasarda ce marché : il lui coûta la vie. Sévère l'Africain le fit mourir, vengea Pertinax, passa d'Orient en Occident, triompha en

3ᵉ Syrie, en Gaule et dans la Grande-Bretagne. Rapide conquérant, il égala César dans ses victoires ; mais il n'imita pas sa clémence. Caracalla son fils, faux imitateur d'Alexandre, aussitôt après la mort de son père, tue son frère Géta, empereur comme lui, dans le sein même de Julie leur commune mère. Il passa sa vie dans les cruautés et le carnage, et finit par une mort tragique. Héliogabale, qu'on dit être son fils, devint son successeur; il triompha de Macrin et bientôt après se rendit l'horreur du genre humain; il se perdit lui-même. Alexandre Sévère, son parent, ne parut malheureusement qu'un instant sur le trône. Sous lui Artaxerxe, persan, tua son maître Artaban, dernier roi des Parthes, et rétablit l'empire des Perses en Orient.

En ce temps l'église, encore naissante, remplissait déjà la terre. L'Orient, l'Occident, les lieux même où les Romains n'avaient pu pénétrer avaient reçu l'évangile. Le sang des martyrs augmentait le nombre des chrétiens. St. Ignace, sous Trajan, et St. Justin, sous Marc-Aurèle, devinrent célèbres, aussi bien que St. Polycarpe. Les Gaules et Lyon surtout donnèrent à l'église des légions de martyrs : St. Pothin et St. Irénée furent les illustres chefs de cette multitude de saints.

Sous Sévère et ses successeurs, St. Clément d'Alexandrie, Tertullien et Origène défendirent la religion chrétienne par leurs écrits ; heureux si ces deux derniers n'avaient pas mêlé des erreurs aux plus sublimes vérités. Les affaires de l'empire se brouillaient d'une terrible manière. Après la mort d'Alexandre, le tyran Maximin, qui l'avait tué, se rendit le maître; mais le sénat lui opposa quatre empereurs, qui périrent tous en moins de deux ans. Parmi eux étaient les deux Gordiens père et fils, chéris du peuple romain. Le jeune Gordien leur fils, quoique dans une extrême jeunesse, montra une sagesse consommée : il défendit avec peine contre les Perses, l'empire affaibli par de longues divisions. Philippe, arabe, tua un si bon prince, et fit une paix honteuse avec Sapor, roi de Perse. Il fut favorable aux chrétiens : quelques uns prétendent qu'il embrassa le christianisme. En haine de cet empereur, Dèce, qui le tua, renouvela la persécution. L'église s'étendit de tous côtés, principalement dans les Gaules. L'empire perdit bientôt Dèce, qui le défendait vigoureusement. Gallus et Volusien passèrent bien vîte. Emilien ne fit que paraître.

Enfin Valérien, vieillard vénérable, tint le sceptre après eux. Il ne fut cruel que pour les chrétiens. Le pape St. Etienne et St. Cyprien évêque de Carthage reçurent la couronne du martyre. La discussion sur le baptême des hérétiques, qui divisait ces deux saints docteurs, ne troubla nullement l'église. L'erreur de Sabellius, qui confondit les trois personnes divines, et ne reconnut en Dieu qu'une personne, sous trois noms différens, fut combattue par St. Denis, évêque d'Alexandrie, et condamnée par le pape St. Sixte II, qui souffrit bientôt le martyre. Le diacre St. Laurent le suivit de près. Cependant les Barbares commençaient à inonder l'empire. Les Germains, les Goths et les peuples venus des bords du Danube et du Pont-Euxin se répandirent par tout l'Occident, tandis que les Perses et les Scythes attaquaient l'empire en Orient. Les Perses défirent Valérien, le prirent par trahison, le réduisirent à un honteux esclavage, et le firent écorcher, après sa mort, pour faire servir sa peau d'ornement à leur triomphe. Gallien, son fils et son collègue, acheva de tout perdre par sa mollesse.

Trente tyrans se partagèrent l'empire. Odénat roi de Palmyre, ville ancienne, dont Salomon est le fondateur, fut le plus illustre de tous ; il défendit l'Orient contre les barbares. Sa femme Zénobie marchait avec lui à la tête de l'armée, qu'elle commanda seule, après la mort d'Odénat. Elle joignit la vertu à la beauté, et la valeur au savoir. Elle sut défendre l'héritage de ses enfans. Cependant Claude II et Aurélien après lui rétablissaient les affaires de l'empire, et abattaient les Goths et les Germains par des victoires signalées. Vers ce temps Paul de Samosate, évêque d'Antioche, enseigna son opinion judaïque sur N. S. J. C. Il fut condamné au concile d'Antioche. D'un autre côté, Aurélien attaquait vivement Zénobie, et ne dédaignait pas de triompher d'une femme. Parmi de perpétuels combats, il sut faire garder à ses troupes la discipline militaire.

Les Francs commençaient à se faire craindre: Aurélien les avait battus, étant particulier, il les tint en crainte, étant empereur. Un tel prince se fit haïr par des actions sanguinaires; et ceux qui croyaient avoir à redouter sa cruauté, le prévinrent et le firent mourir. L'armée refusa d'élire un empereur, de peur de choisir un des conspirateurs. Le sénat élut Tacite: ce prince, vénérable par son âge et sa vertu, fut tué dans une sédition, après six mois de règne. Son frère Florien prétendit à l'empire; son droit ne fut pas reconnu. Probus fut revêtu de la pourpre impériale. Tout fléchit sous ce grand capitaine. Les Germains et les Francs furent repoussés; et les Barbares apprirent à respecter les armes romaines. Un guerrier si redoutable aspirait à la paix; il fit espérer à l'empire de n'avoir plus besoin de gens de guerre. L'armée se vengea de cette parole, en le faisant mourir. Carus son successeur fut aussi vaillant que lui ; il réprima les Barbares, ranimés par la mort de Probus.

Carinus, fils aîné de l'empereur, fut créé César et chargé de veiller sur les provinces du nord. Carus lui-même passa en Orient avec Numérien, son second fils. Tout trembla devant lui ; les Perses ne purent résister ; la Mésopotamie se soumit. Pendant que tout lui cédait, il périt, frappé de la foudre. A force de le pleurer, Numérien fut sur le point de perdre la vie. Peu touché de ses maux, Aper, son beau-père, le fit assassiner pour envahir le trône. Dioclétien vengea sa mort, et parvint à l'empire. Carinus, malgré sa mollesse, se réveilla enfin et battit Dioclétien ; mais, poursuivant les fuyards, il fut tué par un de ses soldats.

Dioclétien régna d'abord seul avec gloire. Bientôt après, pour résister aux nombreux ennemis qui s'élevaient, il nomma Maximien empereur avec lui. Ces deux princes élurent deux Césars : Constance Chlore et Galérius furent revêtus de cette dignité. Dioclétien fuit Rome, qu'il trouvait trop libre, et s'établit à Nicomédie, où il se fit adorer, à la manière des Orientaux. Cependant les Perses, vaincus par Galérius, abandonnèrent aux Romains de grandes provinces. Celui-ci, fier de sa victoire, dédaigne le titre de César et prétend à l'empire. Il intimide Maximien. Dioclétien, affaibli par une longue maladie, abdique la couronne. Son collègue en fait autant. Galérius et Constance se partagent l'empire, et deux nouveaux Césars, Sévère et Maximin, sont créés à leur place. Les Gaules, l'Espagne, la Grande-Bretagne furent heureuses sous la domination de Constance ; le reste de l'empire souffrit beaucoup sous tant d'empereurs. Le jeune Constantin, fils de Constance, se rendit illustre ; mais il était au pouvoir de Galérius. Tous les jours cet empereur, jaloux de sa gloire, l'exposait à de nouveaux périls. Constantin, échappé de ses mains, trouva son père expirant. En ce temps, Maxence, fils de Maximien et gendre de Galérius, se fit empereur à Rome, malgré son beau-père, et les divisions intestines se joignirent aux troubles de l'état. L'image de Constantin, qui avait succédé à son père, ayant été portée à Rome, suivant la coutume, fut rejetée par les ordres de Maxence. On se dispose à la guerre de tous côtés. Le César Sévère, que Galérius envoyait contre Maxence, le fait trembler jusque dans Rome même. Pour se donner un appui, il rappelle son père Maximien. Ce vieillard ambitieux quitte sa retraite, et tâche en vain d'en retirer aussi Dioclétien. Au nom de Maximien, empereur pour la seconde fois, les soldats de Sévère le quittent; le vieil empereur le fait tuer, et, pour s'appuyer contre Galérius, il donne à Constantin Fauste, sa fille. Il fallait aussi de l'appui à Galérius, après la mort de Sévère; il crée Licinius empereur. Ce choix pique le César Maximin qui refuse d'obéir à Licinius, et se rend indépendant dans les provinces d'Orient. Il ne restait presque à Galérius que l'Illyrie. Tout le reste de l'occident était soumis à Maximien, à Maxence, son fils, et à Constantin son gendre. Maximien veut régner seul, et tente de chasser Maxence de Rome. Il est repoussé : Constantin, qui le reçoit dans la Gaule, éprouve aussi sa perfidie. Après divers attentats infructueux, il crut avoir engagé sa fille à s'en défaire ; mais elle le trompait : il se donna la mort. Une nouvelle guerre s'allume, et Maxence, sous prétexte de venger son père, se déclare hautement contre Constantin, qui marche droit à Rome, et fait renverser lui-même les statues de Maximien et celle de Dioclétien, qui y étaient jointes. Le repos de celui-ci fut troublé de ce mépris; et il mourut, bientôt après, autant de chagrin que de vieillesse. En ce temps, Rome, toujours ennemie du Christianisme, fit un dernier effort pour le combattre, et l'affermit encore davantage. Dioclétien avait persécuté les chrétiens; Maximien n'avait jamais cessé de les tourmenter; mais rien n'égale la violence des persécutions de Galérius; cet impie, désespérant de pouvoir les vaincre, périt de la mort d'Antiochus. Constantin, prince sage et victorieux, embrassa publiquement le Christianisme.

Onzième époque.

312 Cette fameuse déclaration de Constantin arriva l'an 312 de J. C. Pendant qu'il assiégeait Maxence dans Rome, une croix lumineuse lui apparut en l'air, avec une inscription, qui lui promettait la victoire. Le lendemain, il gagna cette fameuse bataille qui délivra Rome d'un tyran et l'église d'un persécuteur. Un peu après, Maximin, vaincu par Licinius, qui était d'accord avec Constantin fit une fin semblable à celle de Galérius. La paix fut donnée à l'église. Constantin la combla de biens. La victoire le suivit partout et les barbares fut réprimés. Cependant Licinius se brouille avec Constantin et renouvelle la persécution. Battu sur terre et

Ans.
325
326
337

sur mer, il est contraint de quitter l'empire, et enfin de perdre la vie. En ce temps, Constantin assemble à Nicée le premier concile général, où 318 évêques condamnèrent l'hérésie d'Arius, et dressèrent le symbole où la consubstantialité du père et du fils est établie. On compte, parmi les légats du pape Saint Sylvestre, Osius, évêque de Cordoue, qui présida le concile. Constantin en reçut les décisions comme un oracle du ciel. Pendant que sa valeur maintenait l'empire dans une parfaite tranquillité, le repos de sa famille fut troublé par la malice de Fauste sa femme: mais il reçut beaucoup de gloire d'Hélène sa mère. Elle découvrit la vraie croix; le Saint Sépulcre fut aussi retrouvé, et la nouvelle Jérusalem, qu'Adrien avait fait bâtir, fut ornée de temples magnifiques, aussi bien que tous les saints lieux. Quatre ans après, l'empereur fit rebâtir Bysance, qu'il appela Constantinople; il y établit sa demeure, et en fit le second siége de l'empire. Ce prince tâcha en vain d'apaiser Sapor, roi de Perse, et de l'amener au christianisme. Ce prince, béni de toute l'église, mourut plein de joie et d'espérance après avoir partagé l'empire entre ses trois fils Constantin, Constance et Constant. Leur union fut bientôt troublée. Constantin mourut dans une guerre qu'il eut avec son frère Constant, pour les limites de leur empire. Constance et Constant ne furent guère plus unis. Ce dernier soutint la foi de Nicée, que son frère combattait. L'église alors admira le zèle de Saint Athanase, intrépide défenseur de la foi ; chassé d'Alexandrie par Constance, il fut rétabli par le pape Saint Jules Ier, appuyé d'un décret de l'empereur Constant. Ce bon prince ne dura guère; le tyran Magnence le tua; mais bientôt après, vaincu par Constance, il se donna la mort. Sur la foi d'une fausse révélation, Constance se livra entièrement aux Ariens. Les évêques sont chassés de leur siége, l'église est remplie de troubles. Les tourmens font succomber le vieil Osius, autrefois soutien de l'église. Le concile de Rimini, si ferme d'abord, fléchit à la fin par surprise et par violence: l'autorité de l'empereur est la seule loi. Mais les Ariens ne peuvent s'accorder ensemble ; ils font chaque jour un symbole nouveau : la foi de Nicée subsiste. Saint Athanase et Saint Hilaire de Poitiers, ses principaux défenseurs, se rendent fameux par toute la terre. Constance, occupé des affaires de l'Arianisme, négligeait celles de l'empire. Les Perses remportèrent de grands avanges. Les Allemands et les Francs tentèrent de de toutes parts l'entrée des Gaules. Julien les

357 arrêta et les battit. l'empereur lui-même défit les Sarmates, et marcha contre les Perses. Ici paraît la révolte de Julien, son apostasie, la mort de Constance, le règne de Julien, son gouvernement équitable, et le nouveau genre de persécution qu'il fit souffrir à l'église. Il entretient les divisions; il exclut les chrétiens des honneurs et des études; les supplices sont ordonnés sous d'autres prétextes que celui de la religion. Les chrétiens cependant demeurent fidèles à l'empereur. Julien, tourmenté du désir de la gloire, s'engage témérairement contre les Perses, il est frappé de mort. Jovien, son successeur, zélé chrétien, trouva les affaires désespérées, et ne vécut que pour conclure une paix honteuse. Après lui, Valentinien fit la guerre en grand capitaine; il y mena son fils Gratien dès sa première jeunesse, maintint la discipline militaire, battit les barbares, fortifia les frontières de l'empire, soutint en Occident la foi de Nicée. Valens son frère, qu'il fit son collègue, la persécutait en Orient; ce prince ne put gagner ni abattre Saint Grégoire de Nazianee et Saint Basile. Saint Epiphane se rendit célèbre par son histoire des hérésies. Saint Martin est fait évêque de Tours, et remplit l'univers du bruit de sa sainteté et de ses miracles. Valentinien mourut

d'un accès de colère. Son successeur Gratien gouverna l'empire avec modération ; il vit sans envie l'élévation de son jeune frère Valentinien II, qu'on fit empereur, sous la tutelle de Justine sa mère. Les Goths se révoltent en Occident contre Valens : ce prince quitte les Perses pour les réprimer. Gratien vole à son secours ; mais Valens, qui veut vaincre seul, précipite le combat; il est défait, obligé de fuir et brûlé par les Goths dans le village où il s'était retiré. Gratien, devenu seul maître de l'empire, se voit accablé d'affaires, et s'associe le grand Théodose, à qui l'Orient échut en partage. Les Goths sont vaincus, tous les barbares contenus dans la crainte ; et les Macédoniens, qui niaient la divinité du Saint-Esprit, sont condamnés, au concile général de Constantinople. Pendant que Théodose gouvernait avec gloire, Gratien, non moins pieux et brave, est lâchement abandonné de ses troupes, et immolé au tyran Maxime, qui régna dans les Gaules, et sembla d'abord se contenter de ce partage. Justine protégeait les Ariens, et publiait sous le nom de son fils des édits en leur faveur. Le grand Saint Ambroise sut lui résister, aidé seulement du secours de la prière et de sa sainteté; il parvint même à gagner le cœur du jeune Valentinien. Cependant

Maxime remue : L'empereur est contraint d'abandonner Rome, où Maxime rétablit le culte des faux dieux. Théodose marche au secours de son collègue : assisté des Francs, il bat le tyran, l'assiége dans Aquilée et le laisse massacrer par ses soldats. Valentinien recouvra l'empire, qu'il ne conserva pas long-temps ; ce jeune prince éleva et abaissa trop ensuite Arbogaste, chef des Francs, brave, désintéressé et chéri des troupes, mais capable de maintenir son pouvoir par toutes sortes de moyens. En effet il tua Valentinien et plaça sur le trône le tyran Eugène : celui-ci rétablit le paganisme ; mais Dieu donna la victoire à Théodose. Eugène fut puni de mort et le fier Arbogaste se tua lui-même. Théodose, seul empereur, fit l'admiration de l'univers : il fit taire les hérétiques, et abolit les sacrifices des païens ; mais son penchant à la colère lui fit commettre des fautes que sa pénitence effaça glorieusement. Il rendit ses peuples heureux et mourut en paix, illustre par sa foi et par ses victoires. De son temps, Saint Jérôme, retiré dans la grotte de Bethléem, composa, sur l'original hébreux, la version de la bible que l'église a reçue sous le nom de Vulgate. L'empire, qui paraissait invincible sous Théodose, changea tout-à-coup sous ses

Ans. deux fils. Arcade eut l'Orient et Honorius l'Occident. Ces deux princes se laissèrent gouverner par leurs ministres. Rufin et Eutrope, successivement favoris d'Arcade, aussi méchans
404 l'un que l'autre, abusèrent de leur pouvoir et périrent bientôt. L'impératrice Eudoxe persécuta Saint Jean Chrisostôme que le pape Saint Innocent et tout l'Occident soutinrent contre le patriarche Téophile, ministre des violences d'Eudoxe. L'Occident était troublé par l'inondation des barbares. Radagaise, Goth et Païen ravagea l'Italie. Les Vandales, nation gothique et arienne, occupèrent une partie des Gaules et se répandirent jusqu'en Espagne. Alaric roi des Visigoths, peuple arien, contraignit Honorius de lui céder les provinces déjà possédées par les Vandales. Stilicon, ministre de l'empereur, embarrassé de tant de barbares, les bat, les ménage, s'entend et rompt avec eux, mais conserve néanmoins l'empire qu'il avait dessein d'usurper. Cependant Arcade mourut et son fils Théodose, surnommé le jeune, monta sur le trône, sous la tutelle d'Isdegerde, roi de Perse. Pulchérie, sœur de l'empereur, se montra digne des grandes affaires, et soutint l'empire par sa prudence et sa piété. Une jeune Athénienne, fille du philo-

sophe Léonide, épousa Théodose, et prit au baptême le nom d'Eudoxie. Cependant l'empire d'Occident penchait vers sa ruine. Honorius fit mourir Stilicon, et ne put remplir la place d'un aussi habile ministre. La révolte de Constantin, la perte entière des Gaules et de l'Espagne, la prise et le sac de Rome par Alaric, furent les suites de cette mort. Ataulphe plus furieux qu'Alaric pilla Rome de nouveau ; mais pour le bonheur de l'empire, Placidie, sœur de l'empereur, devint sa prisonnière ; il l'épousa et ses mœurs l'adoucirent. Les Goths traitèrent avec les Romains et gardèrent l'Espagne avec quelques provinces des Gaules. Leur roi Vallia conduisit sagement ces grands desseins. L'Espagne conserva sa foi, sous une domination arienne. Cependant les Bourguignons et les Francs firent de nouveaux efforts pour conquérir les Gaules ; ces derniers élevèrent au trône Pharamond, fils de Marcomir, et la monarchie la plus ancienne et la plus noble du monde commença, l'an 420 de J. C. Honorius mourut sans enfans, et sans pourvoir à l'empire. Théodose y éleva son cousin Valentinien III, fils de Placidie et de Constance, son second mari. Cette princesse eut la régence et le titre d'impératrice. Pélage publiait alors ses erreurs : les conciles d'Afrique le condamnèrent. Saint Augustin et Saint Prosper écrivirent contre lui. L'empire d'Occident s'éteignait; attaqué par tant d'ennemis, il fut encore affaibli par les divisions de ses généraux. Boniface, comte d'Afrique, devint suspect à Placidie. Le comte maltraité, fit venir d'Espagne Genséric et les Vandales; il s'en repentit trop tard. L'Afrique fut ôtée à l'empire. Deux hérésies s'élevèrent alors : celles de Nestorius et d'Eutichès. Elles furent toutes deux condamnées par l'autorité des conciles et du pape. Théodose reçut les décisions du concile d'Ephèse, qui condamnait Nestorius. Marcien, qui succéda à l'empire, devint imitateur du grand Constantin, en assistant aux délibérations de celui de Calcedoine, assemblé contre Eutichès et Dioscore, son protecteur. Aétius, seul rempart de l'empire d'Occident, s'opposa vainement à l'établissement des Francs dans les Gaules. Il s'unit un moment avec eux pour combattre Attila, dont le nom seul épouvantait l'Europe. Les Huns vaincus n'en ravagèrent pas moins l'Italie. La ville de Venise s'éleva au milieu des eaux, pour servir d'asile à ceux qui fuyaient les barbares. Le pape Saint Léon se fit respecter du roi païen et sauva Rome du pillage. Elle y fut exposée bientôt par la coupable conduite de l'empereur Valentinien. Maxime dissimula, un instant la vengeance qu'il méditait; la mort d'Aétius servit à l'exécution de ses desseins. Il fit tuer l'empereur et monta sur le trône. L'impératrice Eudoxe, fille de Théodose le jeune, se vit contrainte à l'épouser. Bientôt, pour se délivrer de ses mains, elle se jeta dans celles de Genséric. Rome est en proie aux barbares : Saint Léon la sauve encore. Le peuple déchire Maxime. Tout se brouille en Occident : on y voit plusieurs empereurs s'élever et tomber presque en même temps. Majorien fut le plus illustre. Avitus, Olybre et Anthénius lui succédèrent rapidement. Romulus-Augustule règne sous la tutelle d'Oreste son père. Bientôt Odoacre, roi des Hérules, peuple venu du Pont-Euxin, s'empara de l'Italie. Ici finit l'empire d'Occident.

476 La domination d'Odoacre fut courte. Théodoric, à la tête des Ostrogoths, c'est-à-dire Goths orientaux, le chassa de Rome, et fonda le royaume d'Italie. Odoacre fut assiégé dans Ravenne, et obligé d'abandonner l'Italie. Cependant l'empereur Zénon, successeur de Léon Thracien, osait se mêler, en Orient, des affaires de l'église. Saint Benoît se rendait alors célèbre par ses vertus; et Clovis achevait la
496 conquête des Gaules. Peu après il embrassa la religion chrétienne, et mérita le titre de *Très-*

Chrétien à ses successeurs. Anastase, successeur de Zénon, imita sa conduite et devint pareillement odieux; il mourut frappé de la foudre. Justin, de basse naissance, mais habile et très-catholique, fut fait empereur par le sénat. De son temps, Boëce et Symmaque, fameux par leur naissance, furent immolés à la jalousie de Théodoric, que les remords déchirèrent bientôt. Ce prince crut voir la tête de Symmaque dans un énorme poisson qu'on lui servit à table, et mourut peu de jours après. Amalasonte, sa fille, mère d'Atalaric, qui devait succéder à son aïeul, voulait élever ce prince comme sa naissance le demandait; les Goths s'y opposèrent. Atalaric, indigne du trône, ne vécut pas long-temps. Amalasonte s'unit à Théodat et lui mit la couronne sur la tête; mais ce prince poussa la barbarie jusqu'à faire assassiner la princesse. Justinien, neveu de l'empereur Justin, posséda la couronne après lui. Sous son règne, l'empire recouvra une partie de son antique splendeur. Bélisaire reprit l'Afrique sur Gélimer, dernier roi des Vandales. Il conquit aussi l'Italie sur les Ostrogoths, que commandait Vitimer. Ces deux prisonniers ornèrent le triomphe de Bélisaire. Ce généreux guerrier, pour récompense de ses travaux, perdit ses biens et sa liberté, que lui enleva la jalousie. Quelques uns prétendent, mais sans fondement, qu'on le priva de la lumière et qu'il fut contraint de demander son pain. L'eunuque Narsès soutint aussi la gloire du nom romain; mais il ternit sa vieillesse. Le désir de se venger d'une raillerie piquante lui fit appeler Alboin, roi des Lombards, qui fit la conquête de l'Italie, et y fonda un royaume, qui dura plusieurs siècles. La France avait étendu ses limites; elle était alors partagée entre les descendans de Clovis. Justin II, prince faible d'esprit, sontint mal l'empire, et fut battu par les Perses et leur roi Chosroès. L'impératrice Sophie lui fit choisir pour successeur Tibère II, qui réalisa les espérances qu'on avait fondées sur lui : il soulagea les provinces, et vainquit ses ennemis. Maurice, général de ses armées, contribua à la gloire de son règne, et, ayant épousé sa fille Constantine, il monta sur le trône après lui. En ce temps, Frédégonde remplissait le royaume de France de troubles et de désordres. Le pape Saint Grégoire, élevé malgré lui sur le siége de Saint Pierre, apaisa par ses prières la peste qui désolait l'Italie, instruisit les empereurs, et sut, en même temps, leur faire rendre l'obéissance qui leur était due. Il consola les habitans de l'Afrique, affermit dans la foi les Visigoths, convertis de l'Arianisme, et Récarède leur roi, surnommé le Catholique. Il fit prêcher la foi en Angleterre, réforma la discipline en France, fléchit les Lombards, sauva Rome et l'Italie, que les empereurs ne pouvaient aider, éclaira toute l'église par sa doctrine, gouverna l'Orient et l'Occident avec autant de vigueur que d'humilité, et donna au monde les plus grands exemples de sainteté. Maurice, prince sage et pieux, se laisse aller à l'avarice, et refuse de payer la rançon d'un grand nombre de Romains, qui périssent au milieu des barbares. Le remords de cette cruauté poursuit l'empereur; il meurt peu après, victime de la trahison de Phocas, qui, du rang de simple soldat, s'élève jusqu'au trône. La famille entière de Maurice est massacrée sous ses yeux, et lui-même éprouve le même sort. Ce crime est bientôt puni : Héraclius reçoit la pourpre impériale et Phocas est déchiré par le peuple. Brunehaud, reine d'Austrasie, est alors immolée à l'ambition de Clotaire II. Sa mémoire honorée par les éloges de Saint Grégoire, a été flétrie par plusieurs historiens. Le nouvel empereur se signala par des victoires éclatantes sur Chosroès, roi de Perse. La vraie croix, dont les infidèles étaient en possession, fut reconquise; mais la fin du règne d'Héraclius ne répondit pas au commencement : ce prince oublia, dans les plaisirs, la gloire dont il s'était couvert. Mahomet répandit alors ses dogmes. Il fut chassé de la Mecque par les siens. A sa fuite commence la fameuse hégire d'où les Mahométans comptent leurs années. Bientôt ses sectateurs envahissent la plus grande partie de l'Asie. L'empire romain perd une partie de ses provinces et l'église une partie de ses enfans. Constant, successeur d'Héraclius, soutient comme son aïeul, l'erreur des Monothélites. Il passe en Italie, plutôt pour la piller que pour la défendre ; il ne peut l'arracher aux Lombards, se rend odieux aux peuples, et meurt de la main des siens. Sous Constantin Pogonat, son fils, Constantinople assiégée fut sauvée par un miracle. Les Bulgares, peuples venus de l'embouchure du Volga, s'emparèrent de cette partie de la Thrace qui porte aujourd'hui leur nom. L'église reçut alors une nouvelle lumière du concile de Constantinople, le sixième général, qui condamna les sectateurs de l'hérésie des Monothélites. Constantin Pogonat se soumit à ses décisions, avec autant de foi et d'humilité que l'avaient fait autrefois Constantin et Marcien. Justinien II, son fils, lui succéda, encore enfant. La France était alors gouvernée par les rois appelés fénéans, qui laissaient toute l'autorité aux maires du palais. La foi se répandait dans les différentes provinces d'Allemagne, par le zèle de quelques saints missionnaires, envoyés par les papes. Pendant la minorité de l'empereur, les victoires de Léonce, rétablissaient en Orient la gloire de l'empire; mais ce général, injustement disgracié par son maître, le chassa du trône, après l'avoir fait mutiler. Son règne dura peu. Tibère lui fit subir le même traitement, et passa lui-même bien vite.

702 Justinien, rétabli sur le trône, devint ingrat envers ses amis, et finit par être assassiné. Philippique, son successeur, ne fit que paraître ; le peuple de Constantinople lui fit crever les yeux, et éleva sur le trône Anastase II, qui se vit préférer Théodose III et fut relégué dans un monastère. La mauvaise foi du roi Rodrigue fit livrer l'Espagne aux Maures ; c'est ainsi qu'on appelait les Sarrasins d'Afrique. L'Espagne leur fut soumise, et l'empire des Goths y fut éteint. La foi de cette contrée, mise à une nouvelle épreuve, ne put être abattue par les infidèles, et de nombreux martyrs la scellèrent de leur sang. Le nouvel empereur, qui n'avait accepté la pourpre qu'avec peine, s'en vit dépouillé par Léon l'Isaurien, et la quitta sans re-

Ans. gret. Les Sarrasins reçurent de grands coups, durant l'empire de Léon, et levèrent honteusement le siége de Constantinople. Les Maures voulurent étendre leur domination au-delà des Pyrénées; mais Charles Martel écrasa leurs bataillons près de Tours, et Abdérame leur chef y
723 trouva la mort. Saint Boniface, apôtre de l'Allemagne, en fut fait évêque par le pape Grégoire II, qui l'y avait envoyé. Cependant Léon troublait l'empire, en entreprenant de renverser le culte des images, qu'il regardait comme autant d'idoles. Il éprouva de fortes oppositions de la part des défenseurs de l'église et de la part du peuple. Luitprand, roi des Lombards, profita de ces divisions pour enlever à l'empire l'exarchat de Ravenne, seule possession qui lui restât en Italie. Charles Martel défendit Rome contre les Lombards.

A la mort de Léon, les troubles ne se calmèrent pas. Artabaze se fit couronner, au préjudice de Constantin Copronyme, fils de Léon, et rétablit le culte des images. Son règne dura peu. Constantin s'empara de Constantinople et la remplit de supplices. Un concile, assemblé par ses ordres, traita d'idolâtrie le culte des images. Ce concile ne fut avoué ni du pape ni des évêques orthodoxes. Cependant l'exarchat de Ravenne, conquis sur les Lombards par Pepin-le-Bref, devint le patrimoine de Saint Pierre, et les empereurs grecs cessèrent d'être reconnus en Italie. Léon IV, fils de Copronyme, sembla d'abord s'adoucir ; mais il renouvela la persécution, sitôt qu'il se crut le maître. Son règne fut court et Constantin son fils, âgé de dix ans, régna sous la tutelle d'Irène sa mère.

787 Le septième concile général, commencé d'abord à Constantinople et terminé à Nicée, condamna solennellement l'hérésie des Iconoclastes, et l'église entière y adhéra. Constantin et Irène firent religieusement observer les décrets du concile; mais le reste de leur conduite ne se soutint pas. Le jeune prince, las de la tutelle de sa mère, voulut secouer le joug de l'ambitieuse princesse ; il y parvint enfin ; et se montra incapable de gouverner : un nouveau mariage qu'il contracta, causa sa perte. Irène, qui fomentait les troubles, parvint à se défaire de son fils et se fit déclarer seule impératrice. Charlemagne régnait alors ; il avait soumis à sa puissance toutes les provinces qui avaient formé l'empire Romain d'Occident, et se montrait zélé protecteur de l'église. Le pape Léon III, lui donna la couronne impériale, l'an 800.

Ans.

Douzième époque.

814 Louis-le-Débonnaire, fils et successeur de Charlemagne, porta, comme lui, la couronne impériale. Bientôt cet empire fut démembré, et c'est aux souverains de l'Allemagne que passa le titre d'empereur, qu'avaient porté Charles-le-Chauve, Louis-le-Bègue et Charles-le-Gros. Celui-ci, petit-fils de Louis-le-Débonnaire, réunit un instant, sous sa puissance, les vastes provinces qu'avait possédées Charlemagne; mais il les perdit, et mourut misérablement, dans un village de la Souabe. Cependant Nicéphore avait chassé Irène, et s'était emparé de l'empire d'Orient. Ce fut un prince avare et sans foi, disciple des Manichéens et grand persécuteur des Ecclésiastiques et des Moines. Il fit une paix honteuse avec les Sarrasins, et périt dans une guerre contre les Bulgares. Michel Curopalate, son gendre et son successeur, perdit une bataille contre ces mêmes peuples, et céda l'empire à Léon, arménien, qui renouvela la persécution contre les images. Après sept ans de règne, il fut assassiné dans l'église de Sainte Sophie, le jour de la naissance de N. S., par les complices de Michel-le-Bègue, qu'il tenait prisonnier et destinait aux plus cruels supplices.

Ans. Celui-ci, prince inhumain et féroce, se déclara ennemi des catholiques, ordonna de cruelles exécutions, et força son propre fils Théophile à en être l'exécuteur. Théophile, héritier de la couronne, se montra juste et équitable ; mais il persécuta l'église, qui respira enfin sous la régence de Théodora, veuve de Théophile, princesse sage et orthodoxe. Michel, son fils, devenu majeur, la priva de toute autorité par les conseils de l'eunuque Bardas, qui chassa St. Ignace du siége de Constantinople pour y
858 introduire Photius. Bardas finit par être assassiné ; Michel le fut aussi par Basile, macédonien, qui monta sur le trône d'Orient. Ce prince remporta des avantages sur les Sarrasins : son règne fut illustré par la tenue du huitième concile général, assemblé à Constantinople sous le pape Adrien II. Photius fut dégradé et St. Ignace rétabli ; mais Basile, après la mort du saint évêque, eut la faiblesse de remettre Photius à sa place, et lui permit d'assembler un concile, qui devint la source du schisme des Grecs. Léon, devenu empereur à la mort de son père, mit la philosophie en honneur, et chassa Photius du siége de Constantinople. Les Turcs lui furent d'un grand secours dans la guerre qu'il eut contre les Bulgares. Alphonse

III régnait en Espagne, et se rendait plus grand par sa fermeté dans la mauvaise fortune que par la gloire de ses exploits.

La couronne impériale d'Occident venait d'être posée sur la tête d'Arnoul, neveu de Charles-le-Gros. Louis, fils d'Arnoul, fut mis sur le trône de son père. Il régna douze ans, sans prendre le titre d'empereur. Les Hongres, peuple originaire de Scythie, le vainquirent et ravagèrent ensuite l'Allemagne impunément. L'ordre de Cluni tire son origine de ce temps-là : cette riche abbaye fut fondée par Guillaume duc d'Aquitaine. Alexandre, frère de Léon, se saisit de l'empire d'Orient, sous le nom de tuteur de Constantin Porphyrogénète, fils de Léon et de Zoé ; celle-ci, à la mort d'Alexandre, gouverna conjointement avec son fils. Le tyran Constantin Ducas causa un trouble, qui ne dura guère. Les Bulgares, sous la conduite de leur roi Siméon, se jetèrent sur les provinces de l'empire et furent vaincus par Léon Phocas, à qui il en coûta bientôt la vie pour avoir voulu usurper le trône. Charles-le-Simple régnait alors en France : ce royaume était ravagé par les Normands. Le roi leur céda la province de Neustrie, à laquelle ils donnèrent leur nom ; ils se convertirent au christianisme.

Ans. Conrad avait été élu roi de Germanie : ce fut avec peine qu'il se maintint sur le trône. Il eut pour successeur Henri duc de Saxe : ni l'un ni l'autre ne reçurent du pape la couronne impériale. Romain Lécapène, beau-frère de Constantin, chassa Zoé, et se fit nommer gardien et père de l'empereur. L'église gémit encore aujourd'hui des scandales qu'elle souffrit pendant ce siècle. Henri, surnommé l'Oiseleur, à cause du plaisir qu'il prenait à la chasse de l'oiseau, remporta une grande victoire sur les Hongres, et délivra l'Allemagne du tribut qu'elle leur payait. Othon, son fils, lui succéda ; il porta le nom de Grand et le mérita : il enleva la Lorraine à Louis IV, roi de France, dompta les Esclavons et les Bohémiens, et se rendit partout redoutable à ses ennemis. Il reçut enfin la couronne impériale d'Occident, par les mains

962 du pape Jean XII. Constantin, empereur d'Orient, avait été empoisonné par Romain, son fils, qui ne jouit pas long-temps du fruit de son crime. A sa mort, Nicéphore Phocas, qui s'était déjà signalé contre les Sarrasins, fut nommé empereur : il remporta plusieurs autres victoires sur les infidèles, s'empara d'Antioche, et finit par être assassiné par Théophanon, sa femme, et Jean Zimiscès qu'elle voulait élever

sur le trône. D'un autre côté, l'empereur Othon s'était rendu maître de l'Italie ; il fit couronner Othon, son fils, empereur, par le pape Jean XIII. L'ordre des Camaldules prit naissance en ce temps, et dut son institution à St. Romuald. L'usage de bénir les cloches date de la même époque ; il est dû au pape Jean XIII, qui consacra à Rome la grosse cloche de l'église de Latran, et la nomma Jean, du nom de St. Jean-Baptiste, patron de cette basilique. L'empereur Jean-Zimiscès associa à l'empire Basile et Constantin fils de Romain. Il punit les meurtriers de Nicéphore, et relégua Théophanon, par les conseils de Polieucte, patriarche de Constantinople. Il vainquit les Sarrasins et les Bulgares : pendant qu'il faisait la guerre en Syrie, il fut empoisonné par l'eunuque Basile, dont il avait voulu réprimer les excès. L'empereur Othon II régnait en Allemagne : il fut défait par les Grecs, secourus des Sarrasins, et mourut de chagrin, laissant un fils du même nom que lui, âgé de sept ans. A cette même époque, commence la troisième race des rois de France, en la personne de Hugues Capet, qui fut placé sur le trône, au préjudice de Charles de Lorraine, dernier prince de la famille de Charlemagne ; il s'était déshonoré, aux yeux

Ans. des Français, en se rendant vassal de l'empereur Othon II. Basile et Constantin gouvernaient l'empire d'Orient. Plusieurs tyrans s'élevèrent contre ces deux frères, et se détruisirent les uns les autres. Basile remporta de grandes victoires sur les Bulgares, pacifia la Syrie, et mourut dans un âge avancé. Son frère, prince médiocre, contraignit Romain Argyre à répudier sa femme pour épouser Zoé, fille de Constantin : l'empire devint sa récompense. Un peu
1000 auparavant, l'empereur Othon III avait érigé la Pologne en royaume, en faveur du duc Boleslas. La Hongrie reçut le même titre du pape Sylvestre II, sous le règne du prince Etienne, fils de Geisa, qui avait embrassé le christianisme. Henri de Bavière, successeur d'Othon III, édifia l'église par ses vertus, et mérita d'être rangé au nombre des saints. Les espérances que Romain Argyre avait données, en montant sur le trône, ne se réalisèrent pas : il perdit une partie de la Syrie, et s'attira la haine des peuples. Zoé, sa femme, le fit assassiner. Vers ce temps Odillon, abbé de Cluni, institua, dans son abbaye, l'usage de prier tous les ans, le lendemain de la Toussaint, pour les âmes des fidèles trépassés ; cette sainte institution fut bientôt embrassée par l'église. Conrad fut le successeur de St. Henri,

du temps que Henri Ier régnait en France, et que l'Espagne était partagée en plusieurs royaumes, possédés par les enfans de Sanche IV, surnommé le Grand, à cause des grandes victoires qu'il avait remportées sur les Maures. Peu de temps auparavant, quelques chevaliers Normands s'étaient établis dans le royaume de Naples; ils enlevèrent la province de la Pouille à Michel Paphalgonien, successeur de Romain Argyre. Ce prince fut tourmenté du démon pendant tout le temps de son règne, et finit ses jours dans un monastère. Henri III succéda à son père Conrad : il dompta les Bohémiens et les Hongrois, et rétablit Pierre, que ceux-ci avaient chassé de son royaume. Zoé avait adopté Michel Caléphate : cet ingrat l'ayant voulu perdre, elle le prévint, et lui fit crever les yeux, après quatre mois de règne. Elle épousa ensuite Constantin Monomarque. Dans ce même temps, les Turcs qui servaient dans l'armée de Machmet Sarrasin, roi de Perse, tournèrent leurs armes contre lui, et après l'avoir battu plusieurs fois, ils s'emparèrent de son royaume : ce fut alors qu'ils prirent la religion mahométane. Michel Cérulaire, patriarche de Constantinople, publia un écrit contre l'église romaine. Le pape Léon IX, le réfuta, et envoya des légats à Constantinople. Michel persista dans son schisme; il fut excommunié. L'hérésie de Bérenger, sur le sacrement de l'Eucharistie, fut aussi condamnée, et l'hérétique obligé de signer sa rétractation, et de brûler lui-même le livre où il avait puisé sa mauvaise doctrine. Cependant Ferdinand Ier, roi de Castille, rendait son règne illustre par un grand nombre d'exploits; il fit plusieurs conquêtes sur les Maures, et acquit la couronne de Léon, par son mariage avec la princesse Sancie, héritière de ce royaume. L'empereur Henri III voulut rendre l'Espagne dépendante de l'empire, et faire quitter à Ferdinand le nom d'empereur, que ses sujets lui avaient donné. Mais ce prince sut soutenir l'honneur de sa couronne: il fut arrêté que l'empereur n'avait aucun droit sur l'Espagne. L'Orient vit passer bien vite le règne de Théodore, sœur de Zoé, et celui de Michel Stratiotique. Celui d'Isaac Comnène dura un peu plus de deux ans. Ce prince d'un esprit vif et prompt, grand capitaine, mais superbe, se retira dans un monastère, à la suite d'une longue et cruelle maladie, après avoir nommé pour son successeur Constantin Ducas, sous le règne duquel les bornes de l'empire furent fort resserrées par les barbares. Philippe Ier régnait alors en France. Dans le même temps, Guillaume, duc de Normandie, appelé à la suc-

Ans. cession d'Édouard-le-Confesseur, roi d'Angleterre, se mit en possession de ce royaume, et mérita le surnom de Conquérant. Constantin Ducas, étant à l'article de la mort, fit promettre à l'impératrice Eudoxie de ne point se remarier : malgré le serment qu'elle en fit, elle épousa bientôt après Romain Diogène, qui, sage et vaillant, soutint les ruines de l'empire. Il remporta plusieurs succès sur les Turcs ; mais ensuite il fut défait par la trahison d'Andronic, un de ses beaux-fils, et tomba entre les mains du sultan. L'histoire dit que les vainqueurs le traitèrent favorablement, et le rendirent à ses sujets : ceux-ci devinrent ses plus cruels ennemis ; ils lui crevèrent les yeux, élevèrent sur le trône Michel Parapinace, l'aîné

1071 des enfans de Constantin Ducas. Les Normands faisaient de nouvelles conquêtes. Roger, père de Robert Guischard, conquit en Sicile les villes de Messine et de Palerme, et bientôt il se rendit maître de l'île entière. En ce temps, une querelle importante éclata entre les papes et les empereurs : ceux-ci prétendaient avoir le droit de nommer les papes, ou du moins de confirmer leur élection. Henri IV fut cité à comparaître devant le pape, pour avoir vendu des évêchés. Grégoire VII se permit de déposer l'em

Ans. pereur, ce qui avait été jusque-là sans exemple. Henri, contraint de plier d'abord, sut rétablir ses affaires ; il vainquit ses ennemis, passa en Italie, fit élire un autre pape, et réduisit Grégoire à l'extrémité ; mais il fut délivré par les Normands, qui obligèrent l'empereur à sortir de l'Italie. De ces sanglantes querelles, entre les papes et les empereurs, se formèrent deux factions en Italie, l'une des Guelfes, qui soutenaient le parti du pape, l'autre des Gibelins, qui étaient attachés à l'empereur. Nicéphore Botoniate, assisté des Turcs, s'empara de la ville de Constantinople et de l'empire grec, ayant forcé Michel de se retirer dans un monastère. Trois ans après, Alexis Comnène, général de ses armées, lui fit le même traitement, et monta sur le trône : il fut défait par Robert Guischard qui avait fait une expédition dans la Thrace. Plusieurs ordres religieux furent établis à cette époque : celui des Chartreux par St. Bruno, et celui de Grammont par un gen-
1091 tilhomme d'Auvergne, nommé Etienne. La Bohême, qui jusque-là avait été gouvernée par des ducs, fut honorée du titre de royaume, par l'empereur Henri IV, en faveur d'Uladislas. Le
1095 concile de Clermont, tenu par le pape Urbain II, fut suivi de la première croisade et de la fond

tion du royaume de Jérusalem. L'ordre des chevaliers de St. Jean de Jérusalem et celui des Templiers, établis pour la défense de la Terre-Sainte, datent de la même époque. Le monastère de Cîteaux s'élevait en France ; il fut institué par St. Robert, abbé de Molême ; Robert d'Arbrissel fut le fondateur de celui de Fontevrault.

106 L'empereur Henri IV fut détrôné par son fils, qui soutint, contre plusieurs papes, la querelle des investitures; il fut excommunié, au concile de Reims, par le pape Calliste II, pontife vénérable par sa piété et illustre par sa naissance. Henri V se soumit enfin au premier concile général de Latran, tenu par le même pape. L'empereur grec, Alexis Comnène, venait de mourir, chargé de la haine de ses peuples, qui lui refusèrent les honneurs de la sépulture. L'Orient était sous la domination des Grecs, des Sarrasins et des Turcs. L'empereur Jean Comnène vainquit les Scythes et les Hongrois, et remporta plusieurs victoires en Asie. St. Bernard illustrait alors l'église par ses vertus et son génie ; il était devenu l'arbitre des affaires importantes ; il ramena l'empereur Lothaire à l'obéissance due au chef de l'église, et porta Guillaume IX, duc d'Aquitaine, à faire pénitence. Ce prince entreprit le pélérinage de St.

Ans. Jacques de Compostelle, pendant lequel il mourut, laissant la célèbre Eléonore de Guyenne héritière de ses états. Vers ce temps, le Portugal fut érigé en royaume. Henriquez petit fils d'Alphonse VI, roi de Castille, étant sur le point de combattre contre les Maures, fut salué et proclamé roi par ses troupes : il composa les armes de Portugal des cinq étendards des rois dont il fut vainqueur. Une nouvelle victoire le rendit maître de Lisbonne. Louis VII, roi de France, entreprit la seconde croisade avec Conrad III, empereur d'Allemagne ; elle fut résolue au concile de Chartres, et le pape Eugène III chargea St. Bernard de la prêcher. Cette entreprise échoua, par la perfidie de Manuel Comnène empereur Grec, qui empoisonna une partie de l'armée, en mêlant du plâtre et de la chaux dans la farine qu'il lui fournissait, et de plus il donna aux croisés des guides qui les trompèrent. L'empereur Conrad étant mort sans enfans mâles, les électeurs de l'empire donnèrent la couronne à son neveu, Frédéric Barberousse, duc d'Allemagne ou de Souabe. On croit que c'est depuis ce temps-là que les Germains ont été appelés Allemands.

1158 L'Espagne vit naître un nouvel ordre militaire. Les templiers ayant abandonné la ville de Calatrava, qui leur avait été donnée, deux religieux de l'ordre de Cîteaux s'offrirent de la défendre contre les Maures, qui n'osèrent attaquer cette place. Plusieurs Castillans prirent les armes pour seconder l'ardeur de ces religieux; ils en reçurent une espèce d'habit, de là s'établit l'ordre des chevaliers de Calatrava, long-temps célèbre en Espagne. L'ordre des chevaliers de St. Jacques fut fondé, plusieurs années après, par quelques Espagnols, en faveur de ceux qui venaient visiter le tombeau du saint apôtre. En ce temps, St. Thomas, archevêque de Cantorbéry, soutenait avec fermeté les droits de l'église contre Henri II, roi d'Angleterre : il fut massacré au pied de l'autel. Le roi se soumit à la pénitence qui lui fut imposée. Alexis Comnène, successeur de Manuel, avait associé à l'empire Andronic, son cousin, qui, après avoir fait tuer tous les Latins et particulièrement les Français qui se trouvèrent à Constantinople, fit aussi assassiner Alexis, et conserva seul l'autorité souveraine. Alphonse Henriquez, roi de Portugal, termina son règne long et glorieux par une nouvelle victoire sur l'armée formidable d'Aben-Jacob, chef des Sarrasins. Andronic reçut bientôt la juste punition de ses crimes : ses sujets se révoltèrent contre lui, le mutilèrent, l'accablèrent d'outrages et lui ôtèrent la vie. Isaac Ange fut élevé sur le trône impérial. Saladin, Soudan d'Egypte, étendait sa puissance par ses conquêtes; vainqueur des chrétiens, à la bataille de Tibériade, il s'était rendu maître de Jérusalem, où régnait alors Gui de Lusignan. De nouvelles croisades furent entreprises pour délivrer la Terre-Sainte. Frédéric Barberousse passa le premier en Orient: après plusieurs exploits, il trouva la mort dans le fleuve Cydnus. Son fils Henri VI lui succéda. Philippe-Auguste, roi de France, et Richard-Cœur-de-Lion, roi d'Angleterre, prirent aussi la croix. La prise de la ville d'Acre illustra leurs armes; mais ce premier succès fut le seul. Les maladies contagieuses qui se mirent dans l'armée chrétienne, et la mésintelligence qui existait entre les deux rois, leur firent perdre le fruit de leurs travaux. Henri VI était devenu maître de la Sicile, par son mariage avec Constance, fille du roi Roger. Il retint Richard prisonnier pendant plus d'un an, parce que ce prince favorisait le parti de Tancrède, qui lui disputait la Sicile.

Alphonse IX, surnommé le Noble, roi de Castille, avait été vaincu par une armée de Maures et d'Ethiopiens, commandés par Aben-Joseph, chef des Arabes: ces infidèles s'emparèrent de plusieurs villes, et ravagèrent le Portugal. Henri VI mourut empoisonné par sa femme. Philippe son frère fut élu empereur par les Allemands, et Othon, fils du duc de Saxe, fut couronné par le pape Innocent III. Isaac Ange avait été détrôné par son frère Alexis, qui le retenait captif, après lui avoir fait crever les yeux. Le jeune Alexis, fils d'Isaac, se retira près de Philippe, empereur d'Allemagne, son beau-frère, et vint ensuite implorer le secours des croisés, réunis à Venise. Les conditions avantageuses auxquelles il s'engagea, déterminèrent les chefs de l'armée chrétienne à le secourir. Isaac fut délivré, et Alexis mis sur le trône ; mais un nouvel usurpateur, nommé Mursufle, excita une révolte contre son maître, l'étrangla lui-même, et se fit déclarer empereur. Les croisés assiégèrent une seconde fois Constantinople, et la prirent au bout de soixante jours. L'empire fut déféré d'un commun suffrage à Baudouin, comte de Flandre ; les autres seigneurs croisés se partagèrent ce que les Grecs possédaient en Europe : la Thessalie échut à Boniface, marquis de Montferrat, avec le titre de royaume. Théodore Lascaris, beau-frère du premier usurpateur, prit les ornemens impériaux à Nicée, et signala son règne par une grande victoire qu'il remporta sur les Turcs. Alexis, de la famille des Comnène, posséda la ville de Trésibonde : et de là s'est formé l'empire de Trésibonde, qui est toujours demeuré séparé de celui de Constantinople, jusqu'à la ruine de l'un et de l'autre par les Turcs. Cependant plusieurs ordres religieux prirent naissance : celui des frères prêcheurs ou Jacobins, institué par St Dominique, de la noble maison des Gusmans, en Espagne, qui inventa aussi le rosaire, en l'honneur de la Ste. Vierge, d'où est venu le chapelet. St. François d'Assise fut le fondateur des frères mineurs ou Cordeliers. Quelque temps auparavant, l'ordre des Carmes s'était formé en Syrie, par le concours de plusieurs pélerins venus d'Occident, qui s'étaient arrêtés dans plusieurs hermitages. Aimeric, légat du pape et patriarche d'Antioche, les assembla tous sur le Mont Carmel, d'où ils ont tiré leur nom. Albert, patriarche de Jérusalem, dressa leur règle. L'ordre de la Ste. Trinité, de la rédemption des captifs, vulgairement appelé des Mathurins, est aussi de ce temps là. Le bienheureux Jean de Matha, gentilhomme provençal et docteur en théologie à Paris, en est regardé comme le fondateur, ainsi que l'hermite Félix de Valois. Une croisade fut entreprise contre les Albigeois : ces hérétiques étaient protégés par Raimond VI, comte de Toulouse, qui s'attira la peine de l'excommunication pour avoir fait massacrer Pierre de Châteauneuf, moine de Cîteaux, un des légats du pape et le premier qui exerça l'inquisition. Raimond se soumit à une peine humiliante pour éviter les effets terribles de la sentence du pape. Simon, comte de Montfort, chef des croisés, abattit le parti des Albigeois et s'empara de leurs villes. Philippe, empereur d'Allemagne, ayant été assassiné, Othon IV devint paisible possesseur de l'empire. L'Espagne se vit inondée par une armée de Maures, venus d'Afrique sous la conduite de leur empereur Aben Mahomad ; ces infidèles furent taillés en pièces, dans les plaines de Tolosa : Sanche, roi de Navarre, força leur camp, et s'illustra par cette action. Une puissante ligue se formait alors contre la France : le roi Philippe II vainquit tous ses ennemis, à la célèbre bataille de Bouvines : l'abbaye de Notre-Dame-de-la-Victoire, près de Senlis, fut fondée par ce prince, en reconnaissance de cette victoire ; elle servit de monument à sa valeur et à sa piété. Alphonse le Noble, roi de Castille, étant mort, son fils Henri Ier lui succéda, sous la régence de sa sœur Béren-

Ans. gèle : il mourut après trois ans de règne. La princesse fit couronner Ferdinand III, son propre fils; la couronne lui fut disputée par le roi de Léon, son père; mais il échoua devant Burgos, et la paix fut rétablie dans le royaume. Vers ce temps, fut assemblé le quatrième concile général de Latran, où la doctrine de l'église sur le Saint-Sacrement fut expliquée et les hérétiques réduits au silence. Jean-sans-Terre, roi d'Angleterre, avait été excommunié : se voyant à la veille de perdre son royaume, il voulut se réconcilier avec le pape, et rendit sa couronne tributaire du St.-Siége de mille marcs d'argent par an; mais déjà ses sujets s'étaient donné un autre roi. Louis, fils du roi de France, fut couronné solennellement à Londres; il régna jusqu'à la mort de Jean. Les Anglais reconnurent alors Henri, fils de ce prince, et obligèrent les Français à sortir de leur île. C'est dans ces troubles que le parlement d'Angle-

1217 terre a pris son origine et ses priviléges. Après la mort d'Othon IV, Frédéric II, fils de l'empereur Henri VI et de Constance, fille de Roger, premier roi de Sicile, reçut la couronne impériale des mains du pape Honoré III. Il épousa Iolande, fille de Jean de Brienne, roi de Jérusalem, et c'est de là que le titre de ce royaume est demeuré uni à celui de Sicile. Jean Ducas succéda à Théodore Lascaris, son beau-frère : il enleva plusieurs places aux Latins. Le règne glorieux de Philippe II fut suivi de celui de Louis VIII, qui ne dura que trois ans. Ce prince se croisa contre les Albigeois, prit Avignon et plusieurs autres places, et mourut au retour de cette expédition : on dit qu'il fut empoisonné par un des grands du royaume. St. Louis fut son successeur ; la reine Blanche, fille d'Alphonse IX, roi de Castille, fut régente : elle sut maintenir son autorité contre les seigneurs ligués contre elle. L'empereur Frédéric II se croisa, pour accomplir la promesse qu'il avait faite au pape ; mais il ne sut pas soutenir les intérêts de la religion, et se contenta de quelques légers succès. La France, continuant d'avoir des rois pour vassaux, vit couronner Thibaut, comte de Champagne, roi de Navarre, après la mort de don Sanche, son oncle maternel. Jacques, roi d'Arragon, chassa les Sarrasins des îles de Majorque et Minorque et conquit sur eux le royaume de Valence. Ferdinand III, roi de Castille et de Léon, leur prit la ville de Cordoue, et reçut d'Hudiel le royaume de Murcie, à condition de lui en laisser la moitié des revenus pendant sa vie. Peu après, il se

Ans. rendit le royaume de Grenade tributaire. Frédéric II remplissait l'Italie de troubles et y renouvelait les factions des Guelfes et des Gebelins. L'empire des Latins en Grèce penchait vers sa ruine. Beaudoin II fut obligé d'engager aux Vénitiens la couronne d'épines de Notre-
1239 Seigneur, pour une somme d'argent que Saint Louis paya. Ce pieux monarque devint maître de la précieuse relique, et fit bâtir la sainte Chapelle, où elle a été conservée avec plusieurs autres dont la France fut enrichie à cette époque. Cependant S. Louis entreprit bientôt après une croisade dont la funeste issue fit briller ses vertus d'un nouvel éclat. L'empereur d'Allemagne fut excommunié au premier concile général de Lyon par le Pape Innocent IV ; ses sujets élurent pour roi des Romains Henri, Landgrave de Hesse et de Thuringe, et ensuite Guillaume, comte de Hollande. Le malheureux Frédéric lutta vainement contre sa destinée ; il fut emporté par une mort violente, sans avoir pu recouvrer ses états. L'Université de Paris devenait tous les jours plus célèbre. Robert, docteur en théologie, natif du village de Sorbon, près de Rethel, protégé par S. Louis, bâtit le fameux collége dit des *Pauvres maîtres de Sorbonne*. Alphonse X, successeur de Ferdinand, s'ap-

pliqua à l'étude de l'astronomie, dans laquelle il se rendit très-célèbre. Mainfroi, coupable de la mort de son père Frédéric II, monta sur le trône de Sicile, en faisant périr Conrad, son frère, par le poison; celui-ci l'avait nommé tuteur du jeune Conradin. L'empire d'Allemagne était devenu vacant : il fut offert au roi de Castille et à Richard, frère de Henri III, roi d'Angleterre ; celui-ci obtint la préférence, mais il s'attira le mépris de ceux qui l'avaient choisi, il se vit contraint de retourner en Angleterre. L'ordre des Augustins prit alors naissance : il fut formé de plusieurs congrégations d'ermites, qui avaient différens habits et différentes règles : le Pape Alexandre IV les réunit toutes en une seule, sous la règle de S. Augustin. Il approuva aussi l'institution faite par le Prieur et les religieux du monastère de Sainte-Marie-des-Arènes de Marseille, des serfs de Ste-Marie, mère du Christ, vulgairement appelés les Blancs-manteaux. Après la mort de Théodose Lascaris, successeur de Jean Ducas, Michel Paléologue, descendu par sa mère d'Alexis Comnène, gouverna l'empire des Grecs, comme tuteur de Jean, fils du dernier empereur. Au bout de quatre ans, ayant fait crever les yeux à son pupille, il se fit donner la couronne, surprit la

1261 ville de Constantinople, et mit fin à l'empire des Latins. Mainfroi s'était rendu odieux par ses crimes; il avait excité l'indignation du Pape par son usurpation et les entreprises qu'il faisait sur les terres de l'Eglise : pour se donner de l'appui, il maria sa fille Constance à Pierre, fils aîné de Jacques, roi d'Arragon. D'un autre côté, le Pape Urbain IV offrit la couronne de Sicile à Charles d'Anjou, frère de S. Louis : ce prince l'accepta, vainquit Mainfroi dans une bataille où cet usurpateur perdit la vie, et se mit en possession du royaume. C'est au Pape Urbain IV qu'est due l'institution de la fête du Saint-Sacrement, à l'occasion d'un miracle, qui arriva dans un village, près d'Orviette : une hostie ayant jeté du sang pour confondre l'incrédulité du prêtre qui célébrait la messe. S. Thomas-d'Aquin composa l'office de cette fête. Cependant Conradin, petit-fils de Frédéric, assembla une puissante armée pour revendiquer l'héritage de ses pères. Il fut défait auprès du lac Celano, et tomba au pouvoir de Charles d'Anjou, qui lui fit trancher la tête dans la ville de Naples : en lui s'éteignit l'illustre maison de Souabe. En ce temps S. Louis maria sa fille Blanche à Ferdinand, fils aîné d'Alphonse, roi de Castille, et renonça, en sa

faveur, aux droits qu'il avait sur ce royaume.
Ce saint roi, touché des maux que souffraient
les chrétiens d'Orient, entreprit une nouvelle
croisade, laissant la régence du royaume à Mathieu, abbé de St-Denis, et à Simon, comte de
Nesle. Cette entreprise fut un nouveau malheur
pour la France ; le plus vertueux de ses rois
périt devant Tunis, qu'il assiégeait. Philippe-le-Hardi, son fils, devint son successeur. Peu
après Rodolphe, comte d'Hapsbourg, fut élu
empereur d'Allemagne. Ce prince est le chef de
la puissante maison d'Autriche. En ce temps fut
assemblé le second concile général de Lyon,
sous le Pontificat de Grégoire X, pour la réunion de l'Eglise grecque avec l'Eglise latine.
Michel Paléologue y envoya ses ambassadeurs,
avec des lettres dans lesquelles il s'engageait à
renoncer au schisme, et à suivre la loi de l'église romaine. Ce n'était qu'une feinte pour se
donner de l'appui contre Baudoin, qui lui contestait l'empire, et Charles, roi de Sicile, qui
le menaçait continuellement. L'église perdit
alors deux de ses docteurs les plus célèbres :
Saint Thomas-d'Aquin et Saint Bonaventure,
que le pape avait élevé à la dignité de cardinal.
L'empereur Rodolphe gagna une bataille mémorable contre Ottocar, roi de Bohême, qui

fut tué sur le champ de bataille. Le fruit de cette victoire fut le duché d'Autriche, que ce prince donna à son fils Albert, et qui est toujours demeuré à sa postérité, cependant une terrible conspiration se tramait contre le roi de Sicile et les Français établis dans ce royaume. Le chef du complot était Jean, seigneur de l'île de Procida, que Charles avait dépouillé de ses biens. Les princes d'Europe se montrèrent favorables aux projets de vengeance du gentilhomme Sicilien; et le 20 mars, jour de Pâques, au premier son des vêpres, tous les Français, à l'exception d'un seul, furent mis à mort dans toute la Sicile, des cruautés atroces accompagnèrent ce massacre. Charles apprit cette nouvelle en Toscane, et vint aussitôt assiéger Messine; mais cette ville fut délivrée par Pierre, roi d'Arragon. En ce temps Michel Paléologue mourut, et fut privé des honneurs de la sépulture par Andronic son fils, parce qu'il avait eu quelque liaison avec les Latins. Le roi d'Arragon obtint de nouveaux triomphes. Son amiral, Roger de Lauria vainquit, dans un combat naval, Charles-le-Boîteux, fils du roi de Sicile, et le fit prisonnier. La Castille était troublée par l'ambition de Sanche, fils d'Alphonse X, qui s'empara des états de son père, de son vi-

Ans. vant, et les conserva après sa mort, au préjudice des enfans de Ferdinand de la Cerda son frère aîné, et de Blanche, fille de Saint Louis. La guerre de Sicile fut terminée après la mort de Charles d'Anjou, de Pierre d'Arragon et de Philippe III, roi de France, qui furent enlevés dans la même
1285 année. Charles-le-Boîteux obtint sa liberté, en cédant une partie de ses états. Les chrétiens achevèrent de tout perdre en Orient. Alexis, soudan d'Egypte, leur arracha les villes de Tripoli, de Sidon, de Tyr et quelques autres forteresses ; Ptolémaïs subit le même sort. Les guerres saintes cessèrent et les pèlerins seuls abordèrent sur cette terre désolée. A cette même époque, la maison de la Sainte Vierge à Nazareth fut, dit-on, transportée par les anges, d'abord sur une petite montagne de Dalmatie, ensuite dans un bois, qui appartenait à une veuve nommée Lorette, sur les bords de la mer Adriatique. Il s'y est bâti depuis une ville et une magnifique Eglise, qui conserve encore le nom de cette veuve. L'empereur Rodolphe mourut, après avoir dégradé l'empire, en vendant la souveraineté à plusieurs villes d'Italie. Adolphe, comte de Nassau, fut son successeur. Il donna le duché de Milan à Mathieu Visconti, premier duc reconnu en Italie. Le saint siége

Ans.
était alors occupé par Boniface VIII, pontife impérieux, qui croyait avoir le droit de commander aux rois : il trouva dans Philippe IV, roi de France, un prince tout-à-fait déterminé à soutenir le contraire. La bonne intelligence, troublée d'abord, sembla régner quelques instans entre ces deux souverains; et même Boniface VIII canonisa Saint Louis, aïeul du roi Philippe. Le commencement de la seconde rivalité entre la France et l'Angleterre sous le règne d'Edouard Ier, et la guerre de Flandre occupaient Philippe IV, tandis que l'empereur Adolphe, devenu odieux aux princes d'Allemagne, fut déposé, et Albert d'Autriche, fils de Rodolphe, élu en sa place. La bataille de Spire, où Adolphe perdit la vie, confirma l'élection d'Albert. Ce fut alors que l'usage de visiter tous les cent ans le tombeau des saints Apôtres à Rome fut consacré par un acte au-

1300
thentique. Le pape Boniface VIII accorda une indulgence générale à tous les fidèles qui rempliraient ce devoir. Les Turcs faisaient des progrès dans l'Orient. Ils divisèrent leurs conquêtes en sept principautés. La province de Bithinie échut à Ottoman, qui bientôt après se rendit maître de toutes les autres, et donna son nom à ce nouvel empire. Cependant l'ani-

mosité se réveilla plus furieuse que jamais, entre le souverain pontife et le roi de France; ce prince, persuadé que Boniface n'était pas un pape légitime, envoya en Italie Guillaume de Nogaret, qui se joignit à Sciarra Colone, se procura quelques troupes et se saisit de la personne du pape, dans la ville d'Agnania. Boniface fut bientôt délivré de sa prison ; mais il mourut quelques jours après. Benoît XI et Clément V, ses successeurs, accordèrent à Philippe IV les satisfactions qu'il désirait. Vers ce temps fut aboli l'ordre des Templiers par Clément V, au concile de Vienne, en Dauphiné ; ils étaient accusés de crimes énormes. Il en fut brûlé 57 à Paris, sans compter Jacques de Molai, leur grand-maître, qui subit le même sort, quelque temps après. Les Juifs furent bannis et leurs biens confisqués. Le pape Clément V, fixa sa demeure à Avignon : cette nouveauté eut des suites très-fâcheuses. L'empereur Albert fut assassiné, et Henri, comte de Luxembourg, fut élu en sa place. Charles-le-Boîteux, roi de Naples, autant illustre dans la paix que malheureux dans la guerre, mourut cette même année. Robert, son troisième fils, lui succéda. Louis, son deuxième fils, était évêque de Toulouse ; il est honoré parmi les saints. Charles Martel, l'aîné, était mort et avait laissé un fils, qui régnait en Hongrie. L'île de Rhodes avait été conquise sur les Grecs par les Sarrasins et sur les Sarrasins par les Turcs. Les chevaliers de Saint Jean de Jérusalem, obligés d'abandonner la terre sainte, firent la conquête de cette île et s'y établirent, malgré les efforts que firent les Turcs pour la reprendre. Amédée V, comte de Savoie, procura des secours aux chevaliers, qui furent enrichis des dépouilles des Templiers. Les biens que ceux-ci possédaient en Portugal, furent donnés aux chevaliers de l'ordre du Christ, que le roi Denis institua six ans après. L'alliance helvétique commençait à se former, et opposait déjà l'union de trois cantons aux oppressions des lieutenans de la maison d'Autriche, qui possédait le duché de Souabe. L'empereur Henri VII fit la guerre en Italie contre les Guelfes; il y périt par le poison. Philippe IV, roi de France, étant mort, ses trois fils régnèrent successivement. Le pape Jean XXII, successeur de Clément V, gouvernait alors l'église. C'était un homme d'une basse naissance, mais d'un grand courage et d'un esprit élevé. Alphonse XI avait succédé à Ferdinand IV, roi de Castille, son père; sa minorité fut troublée par les contestations de ses oncles don Pèdre et don Juan, au sujet de l'autorité ; ils se la partagèrent, et périrent bientôt après, en combattant contre les Maures. L'empire et l'Italie éprouvèrent de nouvelles agitations. Louis de Bavière et Frédéric d'Autriche se disputaient le titre d'empereur, qui avait été donné à chacun d'eux par une partie des électeurs. Frédéric fut vaincu et fait prisonnier par son rival. Le pape Jean XXII, irrité de ce que Louis portait ce titre, sans sa permission, l'excommunia, ce qui n'empêcha pas l'empereur d'aller à Rome prendre les ornemens impériaux. Quelque temps après, il fit élire un nouveau Pape, qui prit le nom de Nicolas V. De là s'élevèrent de sanglantes guerres et de soudaines révolutions. Plusieurs seigneurs d'Italie se rendirent maîtres des villes dont ils n'étaient que gouverneurs. Benoît XII déclara ensuite leur domination légitime, pour s'en faire un appui contre l'empereur. Ainsi les Scaliger régnèrent à Véronne et dans quelques villes voisines, les princes de la maison d'Est à Ferrare, et les Gonzagues à Mantoue. L'Angleterre n'était guère plus paisible. Les Spencer, père et fils, abusant de leur autorité, firent trancher la tête à vingt-deux barons, et obligèrent Isabelle, femme d'Edouard II, de se réfugier en

France, auprès de Charles IV, son frère. Sa conduite lui attira l'indignation de ce prince ; elle se vit contrainte de chercher un asile à la cour de Guillaume, comte de Hainaut. Peu après elle retourna en Angleterre, avec des forces considérables, fit exécuter les Spencer et condamner son mari à une prison perpétuelle ; elle le fit ensuite mourir d'une manière si cruelle, qu'Edouard III, son fils, vengea cette mort sur elle-même. Philippe de Valois monta sur le trône de France, malgré les prétentions du roi d'Angleterre sur cette couronne. Le nouveau roi, brave et pieux, commença son règne par de glorieux succès sur les Flamands rebelles ; mais plus tard il fut malheureux dans la guerre contre les Anglais. Les funestes batailles de l'Ecluse, de Créci et la prise de Calais furent le commencement des malheurs dont la France fut affligée, pendant plusieurs règnes. C'est à cette époque que remonte la découverte des armes à feu, et l'établissement de l'ordre de la jarretière, par Edouard III. Il y avait long-temps que l'Espagne n'avait plus rien à craindre des Maures qui y habitaient ; mais elle était exposée aux irruptions de ceux de cette nation, qui y passaient d'Afrique. Albohacénus y aborda, avec une armée formidable ; il fut défait par les rois de Castille et de Portugal : deux cent mille infidèles restèrent sur le champ de bataille, et leur roi fut obligé de repasser au plus tôt la mer. Plusieurs villes du royaume de Grenade tombèrent au pouvoir des vainqueurs. Andronic, empereur de Grèce, mourut et laissa Jean Cantacuzène tuteur de ses deux fils. Robert, roi de Naples, eut pour héritière sa petite-fille Jeanne, qu'il avait mariée à André, frère de Louis, roi de Hongrie. Cette princesse, au bout de deux ans, fit étrangler son mari et épousa Louis, prince de Tarente. Louis de Bavière étant mort, Charles de Luxembourg, qui avait déjà été nommé roi des Romains, prit possession de l'empire d'Allemagne ; ce prince est l'auteur de la constitution appelée la *Bulle d'or*, qui contient plusieurs réglemens pour les électeurs et les princes de l'empire. En ce temps le Dauphiné fut cédé à la France, par Humbert II, dauphin du Viennois, et depuis cette époque, les fils aînés des rois de France ont porté le titre de Dauphin, selon la volonté d'Humbert. Jean-le-Bon monta peu après sur le trône de France, tandis que Pierre-le-Cruel succédait à son père Alphonse XI. Ce prince remplit la Castille de troubles et d'horreurs. Il fit mourir Blanche de Bourbon, sa femme, sœur de la reine de France.

1353 Vers le milieu de ce siècle, le pape Clément VI ordonna que les indulgences générales fussent renouvelées tous les cinquante ans, et ce fut alors qu'on leur donna le nom de Jubilé. Ce même pape acheta de Jeanne, reine de Naples, le comtat d'Avignon, et la remit en possession de son royaume, dont elle avait été chassée par Louis, roi de Hongrie, qui voulait venger la mort de son frère; il réclamait aussi sa couronne pour lui-même, comme descendant de l'aîné des enfans de Charles-le-Boîteux. Cependant les Turcs étendaient leur empire : tandis que Cantacuzène et Jean Paléologue étaient aux prises l'un contre l'autre, Orchan, fils d'Osman, s'empara de plusieurs provinces, jusqu'à l'Hellespont. Jean Paléologue, ayant chassé Cantacuzène, demeura seul possesseur des débris de l'empire grec. La France était en proie à de nouveaux malheurs. La perte de la bataille de Poitiers et la captivité du roi Jean mirent le royaume dans une horrible confusion. Charles-le-Mauvais, roi de Navarre, secondé d'Etienne Marcel, prévôt des marchands, entretenait la révolte des Parisiens. Peu après la faction de la Jacquerie, formée par les paysans soulevés contre la noblesse, causa de nouveaux désordres. Pierre-le-Cruel faisait la guerre au roi d'Arragon, et s'attirait une haine générale. Don Pèdre, roi de Portugal, se distinguait par une sévérité inflexible, d'où lui furent donnés les noms de juste et de sévère. Il bannit les avocats de son royaume, afin que l'éloquence n'eût aucun pouvoir dans les jugemens prononcés sur ses sujets. Le roi de France, rendu à la liberté par le traité de Brétigni, se montra fidèle observateur de sa parole, et retourna mourir en Angleterre, d'où son fils, laissé en ôtage, s'était échappé. Le règne heureux et sage de Charles V répara les maux de la France. La guerre de Bretagne, commencée sous Philippe VI, fut enfin terminée par la bataille d'Auray, où périt le comte de Blois. Le brave Du Guesclin s'attacha au service du roi de France, et fut nommé chef des grandes compagnies, envoyées au secours de Henri de Transtamare, contre Pierre-le-Cruel. Après quelques alternatives de succès et de revers, Henri monta sur le trône de Castille, et le laissa à sa postérité. La maison de Bourgogne devint alors puissante, en la personne de Philippe-le-Hardi, fils du roi Jean : il devint héritier de la Flandre par son mariage avec la princesse Marguerite, fille du comte Louis de Male. Charles V, après avoir reconquis toutes

Ans.
1578

les provinces possédées par les Anglais, fit une ordonnance digne de sa sagesse ; il fixa la majorité des rois à quatorze ans ; jusque-là elle n'avait eu lieu qu'à vingt ans. En ce temps, commença le fameux schisme d'occident, par la double élection des papes Urbain VI et Clément VII ; ce qui excita des troubles et des divisions, pendant l'espace de quarante ans. La France, la Castille, l'Ecosse, la Savoie, le royaume de Naples se soumirent à Clément VII, qui résidait à Avignon ; le reste de l'Europe obéit à Urbain VI, établi à Rome. Les troubles qui agitèrent l'Eglise, en attirèrent d'autres dans les états des princes chrétiens, et principalement en Italie. Charles de Duras, soutenu par Urbain VI, voulut enlever le royaume de Naples à la reine Jeanne, qui choisit pour son héritier Louis, duc d'Anjou, frère de Charles V, et implora son secours ; mais il vint trop tard. L'usurpateur fut reçu à Naples : il fit étrangler la malheureuse Jeanne et sa sœur, tombées en son pouvoir. Louis, s'étant rendu maître de la Provence, chercha vainement à soutenir ses droits en Italie. Il y perdit ses trésors, et vendit jusqu'à sa couronne pour conserver son armée, qui fut bientôt privée de son chef ; il mourut de chagrin dès la première année de son règne. Venceslas était empereur d'Allemagne et roi de Bohême. Don Juan, successeur de Henri II, était devenu roi de Castille, et l'infortuné Charles VI commençait un règne, qui fut une longue suite de malheurs. L'Angleterre était agitée par les troubles, pendant la minorité de son roi Richard II. Les Flamands, peuple indocile et remuant, se révoltèrent contre leur comte, et furent vaincus par le roi de France à Rosebecq. Le Portugal n'était pas tranquille : don Juan, roi de Castille, voulut s'emparer de cette couronne, après la mort de Ferdinand. Les Portugais ne voulurent pas le reconnaître, et choisirent pour roi un autre don Juan, frère de Ferdinand; une bataille décida la querelle en faveur des Portugais. L'Empire grec venait de passer à Manuel II, frère de Jean Paléologue, et n'attendait plus que le coup mortel de sa ruine. Charles de Duras s'était rendu odieux par ses crimes ; il fut assassiné. Louis II, duc d'Anjou, se rendit maître d'une grande partie du royaume de Naples, qu'il posséda pendant plusieurs années. Bajazet, successeur d'Amurat, fut le quatrième empereur des Turcs : il enleva de nouvelles provinces à l'empire grec, et peu s'en fallut qu'il ne se rendît maître de Constantinople. Henri III,

Aus. fils et successeur de don Juan, régnait en Castille. De son temps, les îles Canaries furent découvertes : la conquête en fut faite par Bettancourt, gentilhomme Français, au profit de la couronne de Castille. La seigneurie de Gênes se donna à la France, et reçut le maréchal de Boucicaut pour gouverneur. Bajazet, voulant conquérir la Hongrie, le roi Sigismond demanda le secours des princes chrétiens. La fleur de la noblesse française, commandée par Jean, comte de Nevers, répondit à son appel, mais elle fut défaite à la bataille de Nicopoli. Six cents guerriers français trouvèrent la mort sous la hache des turcs, dont ils étaient prisonniers ; quinze seigneurs, du nombre desquels était le comte de Nevers, obtinrent leur liberté, moyennant une forte rançon. Des divisions de tous genres troublaient les royaumes chrétiens. Les Anglais ôtèrent le trône et la vie à Richard II, et couronnèrent Henri, duc de Lancastre. Louis II, duc d'Anjou, fut chassé du royaume

1400 de Naples, et Ladislas, fils de Charles de Duras, obtint cette couronne. Venceslas s'était rendu odieux par ses excès; il fut déposé par les électeurs, qui mirent en sa place Henri, duc de Brunswick. Ce prince ayant été assassiné peu après, Robert, duc de Bavière et comte palatin, lui succéda. Dans ce même temps, l'empereur Manuel II, vint en France demander des secours contre les Turcs, qui assiégeaient Constantinople; il n'y fut rétabli que par la prise et la captivité de Bajazet. Ce Sultan fut vaincu par Tamerlan, célèbre conquérant tartare, et tomba au pouvoir de son vainqueur, qui l'enferma, pour le reste de ses jours, dans une cage de fer. Il arriva des changemens considérables en Italie. Les Vénitiens s'emparèrent de Vérone et mirent fin à la principauté de Scaliger : Pise se soumit aux Florentins. La France était déchirée par la haine qui divisait ses princes, pendant la maladie du roi, devenu incapable de gouverner; le duc d'Orléans, son frère, en fut la victime. Après la mort de Henri III, roi de Castille, la couronne fut offerte à son frère Ferdinand ; mais ce prince la refusa généreusement, et fut le premier à prêter serment de fidélité à don Juan II, son neveu, fils du roi défunt et âgé de vingt-deux mois. Le schisme désolait toujours l'Eglise. Urbain VI et Clément VII avaient eu des successeurs, qui entretenaient cette funeste division. Enfin on en vint à un grand éclat contre les deux papes, Benoît XIII et Grégoire XII. Ils furent réduits à s'enfuir, le premier en Catalogne, l'autre à Sienne, tous deux abandonnés de leurs cardinaux, qui se réunirent à Pise et élurent canoniquement Alexandre V. Il mourut au bout d'un an ; Jean XXIII lui succéda. Les deux autres ne voulant pas se soumettre, il y eut trois papes au lieu de deux. Gênes, profitant de l'absence de son gouverneur, chassa les Français et se mit en liberté. d'un autre côté, don Juan, roi de Portugal, tenta une expédition sur les infidèles d'Afrique, elle fut heureuse ; la ville de Ceuta en fut le prix. Ferdinand, prince de Castille, vainquit les Maures de Grenade et reçut la couronne d'Arragon, qui lui fut décernée par les principaux seigneurs de ce royaume. Henri IV, roi d'Angleterre, mourut et Henri V fut son successeur. La France était livrée à la plus horrible confusion, par les factions des Armagnacs et des Bourguignons. Les enfans de Bajazet s'étaient égorgés les uns les autres ; Mahomet resta seul et recueillit la succession de son père. Sigismond, roi de Hongrie, frère de Venceslas, fut élu empereur d'Allemagne. Il travailla avec beaucoup de zèle à rétablir la paix dans l'Eglise, et obtint du pape Jean XXIII la permission d'assembler un concile. La ville de Constance fut choisie pour cette réunion. Les hérésies de Wiclef et de Jean Hus y furent condamnées,

Ans. et les trois papes déposés. Le concile élut le
1415 cardinal Othon Colonne, qui prit le nom de
Martin V : ainsi fut terminé le fameux schisme
d'Occident. L'empereur Sigismond érigea la
Savoie en duché, en faveur d'Amédée VIII.
En ce temps, la France était envahie par les
Anglais : la reine Isabelle fit éclater sa haine
1420 contre son fils, au traité de Troyes, conclu en
faveur de Henri V, roi d'Angleterre, qui fut
déclaré héritier du royaume de France. Manuel
II céda l'empire grec à son fils Jean Paléologue.
Amurat II, fils de Mahomet, lui succéda, et
ajouta Thessalonique à son empire. Les Portugais découvrirent l'île de Madère et plusieurs
autres pays, le long des côtes extérieures de
l'Afrique, dont les papes leur donnèrent la
souveraineté. Le royaume de Naples fut possédé
successivement par la princesse Jeanne, veuve
de Ladislas, Louis III d'Anjou et Alphonse V,
roi d'Arragon et de Sicile. Les Hussites firent
de grands ravages en Bohême : Sigismond ne
put résister à Jean Ziska, leur chef. La mort
de Henri V, roi d'Angleterre, et celle de
Charles VI, roi de France, donnèrent lieu à
de nouvelles révolutions. La France était sur
le penchant de sa ruine, lorsque Jeanne d'Arc
fut suscitée de Dieu pour délivrer Orléans et

faire sacrer le roi à Reims : cette jeune héroïne, après avoir fait l'admiration des guerriers français, tomba au pouvoir des Anglais, qui la firent brûler vive, dans la ville de Rouen, comme sorcière et hérétique. L'Espagne fut long-temps agitée par les guerres civiles, que la faveur de Don Alvare de Lune y fit naître. Malgré ces troubles, le roi don Juan II gagna une bataille mémorable sur le roi de Grenade. Eugène IV succéda à Martin V, et le concile de Bâle commença sous son autorité. Louis III d'Anjou mourut sans enfans ; quelques mois après, la reine Jeanne II mourut aussi, et nomma pour son héritier René, frère de Louis III ; il était déjà duc de Lorraine, par sa femme. Amédée VIII, premier duc de Savoie, abandonna ses états à ses enfans, et termina ses jours dans un hermitage, qu'il avait fait bâtir à Ripaille. Ce prince, un peu auparavant, avait institué l'ordre de St. Maurice. René d'Anjou avait été fait prisonnier par le duc de Bourgogne ; il ne put obtenir sa liberté qu'en donnant sa fille Iolande à Ferri, fils d'Antoine, comte de Vaudemont : par ce mariage, la Loraine fut rendue aux princes de cette maison. La France se reposait enfin de ses longues et cruelles agitations, sous le règne glorieux de Charles VII. Albert duc

Ans. d'Autriche, succéda à l'empereur Sigismond, son beau-père, dans les royaumes de Hongrie et de Bohême, et peu après à l'empire, par les suffrages des électeurs. Il s'éleva une dispute entre le pape et le concile de Bâle. Eugène IV en convoqua un autre à Ferrare, et le transféra ensuite à Florence : on y traita de la réunion de l'Eglise grecque avec la latine. L'empereur Jean Paléologue se rendit au concile, accompagné de Joseph, patriarche de Constantinople, de Bessarion, évêque de Nicée, et de plusieurs autres prélats. Les points de la foi, attaqués par les schismatiques, y furent reconnus. Le pape donna aux Arméniens un formulaire de foi, dont l'observation dura autant de temps qu'ils en mirent à retourner dans leur pays. Le concile de Bâle déposa Eugène IV, et mit en sa place Amédée VIII, duc de Savoie, qu'ils tirèrent de sa solitude ; il prit le nom de Félix V. La France, l'Allemagne et la plus grande partie de l'Occident se soumirent à ce nouveau pape, tant qu'Eugène vécut. A sa mort, qui arriva huit ans après, toute la chrétienté reconnut Nicolas V, son successeur, et Félix se dépouilla de sa dignité.

1440 A cette époque l'Imprimerie fut découverte par un gentilhomme de Mayence, nommé Jean

Ans. Guttemberg. L'usage n'en fut introduit en France que trente ans après, par trois allemands. Frédéric III, duc d'Autriche, fut élu empereur. René d'Anjou s'était rendu maître du royaume de Naples ; il en fut chassé par Alphonse, roi d'Arragon, son rival. La Hongrie avait long-temps résisté aux armes des Turcs, par la valeur de Jean Corvin Huniade, qui avait contraint ces barbares de faire la paix. Cette paix fut rompue mal à propos, par le roi Ladislas. Amurat s'en vengea par la défaite entière de l'armée chrétienne, à la bataille de Varna : le roi y trouva la mort. La domination des Visconti finit à Milan, par la mort du duc Philippe. Charles duc d'Orléans, son neveu par Valentine sa mère, fit valoir ses droits sur ce duché, mais ils ne furent point écoutés. Les Milanais se soumirent à François Sforce. L'empereur Frédéric III érigea Modène et Rhége en duchés. Scanderberg, roi d'Albanie, sut résister aux forces d'Amurat, qui mourut de chagrin au siège de Croie. Mahomet II, fils de ce Sultan, quoique né d'une mère chrétienne, se montra l'ennemi juré du christianisme, il renversa deux empires et conquit douze royaumes.

1553 Il prit Constantinople et mit fin à l'empire d'Orient. Don Alvare, connétable de Castille, maître de soixante douze villes, et sous l'autorité duquel l'Espagne avait tremblé pendant plus de trente ans, périt sur l'échafaud. L'année suivante don Juan II mourut et laissa la couronne à Henri IV son fils. La fierté de Mahomet fut humiliée par Jean Corvin Huniade, qui gagna contre lui une grande bataille, et lui fit lever le siége de Belgrade. En mémoire de cet heureux événement, le pape Caliste III institua la fête de la Transfiguration de Notre Seigneur. Mahomet se vengea de cet affront sur les Vénitiens, auxquels il enleva Corinthe, Lemnos, Mitylène et l'île d'Eubée. Alphonse, roi d'Arragon, termina son règne glorieux : ce prince posséda toutes les qualités d'un grand roi. Son frère don Juan lui succéda aux royaumes d'Arragon et de Sicile. Ferdinand son fils eut le royaume de Naples. Don Juan retenait la Navarre, qui appartenait au prince Charles son fils, par la succession de Blanche sa mère; la guerre entreprise à ce sujet fut malheureuse pour le jeune prince, qui mourut empoisonné. L'Angleterre était troublée depuis quelques années, par la sanglante querelle des maisons d'Yorck et de Lancastre, connue sous le nom de guerre des deux roses. Richard, duc d'Yorck, fit valoir ses prétentions à la couronne, comme descendant par sa mère de Lyonel de Clarence, second fils d'Edouard III. Henri VI descendait de Jean, duc de Lancastre, troisième fils du même roi. Richard gagna deux batailles sur Henri et le fit prisonnier. La reine Marguerite d'Anjou, femme d'un grand courage, ayant obtenu des secours de l'Ecosse, vainquit et tua Richard, dans une bataille, et rétablit son mari sur le trône. Mais Edouard, fils de Richard, le vainquit dans un nouveau combat, l'obligea de s'enfuir en Ecosse et se fit couronner à Londres. La reine chercha un asile en France. Le roi Charles VII mourut dans cette même année, et Louis XI, fils ingrat et dénaturé, monta sur le trône. Pie II gouvernait alors l'Eglise : il obtint de Louis XI la révocation de la Pragmatique, mais, le parlement et l'université s'y étant opposés, elle subsista encore plus de cinquante ans : c'était un réglement destiné à maintenir les libertés de l'Eglise gallicane. Le nouveau roi se fit haïr de ses sujets, et la ligue du bien public le mit en danger de perdre son royaume. L'Espagne n'était pas plus tranquille : les Catalans faisaient la guerre à don Juan, roi d'Arragon, pour venger la mort de Charles leur prince. Ils envoyèrent offrir la couronne à don Pèdre, connétable de Portugal, issu des rois d'Arragon par les femmes. Don Pèdre se rendit à Barcelone, y fut couronné et mourut au bout de quelque temps, après avoir eu de très-mauvais succès. La guerre continua encore; les Catalans se donnèrent à René, roi de Naples. Jean, duc de Calabre, son fils, grand capitaine, gagna une bataille contre Ferdinand, infant d'Arragon et prit la ville de Gironne ; mais il mourut bientôt après, à Barcelone. Le mariage d'Isabelle de Castille, sœur du roi Henri IV, avec Ferdinand, infant d'Arragon, fut le lien qui unit dans la suite ces deux royaumes. Louis XI, roi de France, institua l'ordre de S.-Michel pour s'attacher les grands de l'état. En ce temps les Tartares furent chassés de la Perse, qu'ils possédaient depuis plus de deux cents ans, par Usum-Cassan, prince turc, qui régnait en Arménie. Ce nouveau roi de Perse fit la guerre aux Ottomans et étendit beaucoup son empire. L'Angleterre, en moins de trois ans, changea quatre fois de maître. Richard, comte de Warwick, d'abord partisan d'Édouard, se tourna contre lui, le vainquit et le fit prisonnier. Édouard s'échappa, vainquit Richard, qui vint en France demander des secours à Louis XI. Ayant obtenu quelques troupes, il retourna en Angleterre, fit sortir Henri VI de la tour de Londres et le rétablit sur le trône. Edouard se réfugia en Flandre, chez le duc de Bourgogne, son beau-frère. Six mois après, il gagna deux batailles, où le comte Richard et le fils de Henri furent tués; il fit mourir ce malheureux roi et reprit la couronne. Les dignités continuaient d'ennoblir l'Italie. Le pape Paul II érigea Ferrare en duché : ce titre donna un nouveau lustre à la maison d'Est, qui possédait déjà ceux de Rhége et de Modène. Alphonse, roi de Portugal, étendit sa domination en Afrique. Les Maures, qui s'étaient rendus autrefois si redoutables à l'Espagne, eurent sujet de craindre pour leur propre pays. Le roi d'Arragon soumit ses sujets rebelles. La France était agitée par les querelles de Louis XI et de Charles-le-Téméraire. La mort du prince Charles, frère du roi, ralluma la guerre avec le duc de Bourgogne : la ville de Bauvais, défendue par le courage intrépide de Jeanne Hachette et de ses compagnes, arrêta les armes victorieuses de Charles-le-Téméraire. Arnoul, duc de Gueldre, déclara ce prince son héritier, au préjudice de son fils Adolphe, qui avait eu l'inhumanité de le retenir prisonnier. Dans ce même temps, l'ordre des Minimes fut institué par

Ans. S. François de Paule, né dans la Calabre; il fut
1473 approuvé par le pape Sixte IV. Ce même pape
réduisit la distance d'un Jubilé à un autre à
vingt-cinq ans. Mahomet II fit de nouvelles
conquêtes, vainquit David Comnène, dernier
empereur de Trébisonde, et l'emmena captif à
Constantinople, avec toute sa famille. Henri
IV, roi de Castille, mourut; sa sœur Isabelle
fut reconnue reine de Castille et de Léon, par
les principaux seigneurs. Après quelques délibérations, Ferdinand, son mari, fut aussi
déclaré roi, avec une égale autorité. Edouard
IV, roi d'Angleterre, appelé par le duc de
Bourgogne, fit une descente en France; mais
il se contenta d'une forte somme d'argent, que
lui donna Louis XI, et retourna dans son île,
charmé de la bonne réception qu'on lui avait
faite en France. Charles-le-Téméraire tourna
ensuite toute sa colère contre le jeune René,
duc de Lorraine, petit-fils par sa mère du vieux
duc René, et le dépouilla de son duché. Il
voulut aussi soumettre les Suisses, peuple jusqu'alors peu connu et fort attaché à sa liberté.
La puissance du terrible Charles se brisa contre
cet écueil : il fut vaincu à Morat : le duc René
reprit la ville de Nancy. Le duc de Bourgogne
vint assiéger cette ville; mais il fut trahi par

Campobache, son confident, et trouva la mort. En ce temps l'île de Chypre passa sous la domination des Vénitiens, après la mort de Jacques, son dernier roi. La guerre était allumée en Espagne, au sujet de la couronne de Castille. Alphonse, roi de Portugal, s'empara de plusieurs villes et obtint de grands succès ; mais ensuite il perdit une grande bataille contre Ferdinand, et se vit obligé de venir lui-même en France, demander des secours à Louis XI, qui n'était pas en état de lui en donner. Muley Alboacem, roi de Grenade, craignant que Ferdinand victorieux vînt fondre sur son royaume, lui fit demander la continuation d'une trève conclue entr'eux. La France, délivrée de ses ennemis, se trouvait alors dans un état prospère. Louis XI, en habile politique, sut réunir à sa couronne de belles et grandes provinces, qui en avaient été séparées depuis longues années. L'Italie n'était pas exempte de troubles. Il y avait à Florence deux puissantes familles : celle des Pazzi plus ancienne, et celle des Médicis plus riche. Celle-ci gouvernait alors ; les deux frères Laurent et Julien en étaient les chefs. Les Pazzi conspirèrent contr'eux, et résolurent de les assassiner dans l'Eglise. Julien fut tué ; mais Laurent se sauva ; le peuple prit les armes en sa faveur : plusieurs des conjurés furent mis à mort. C'est à cette époque que l'inquisition fut établie en Espagne. Ferdinand érigea ce tribunal pour empêcher les juifs et les mahométans, nouvellement convertis, de retourner à leur impiété. Dans ce même temps s'éleva la puissance du czar de Russie ou Moscovie. Jusqu'alors les princes de cette contrée avaient été soumis au kan de ces Tartares qui habitaient au-delà du Volga. Le duc Jean secoua le joug de cette servitude, et conquit plusieurs villes dans une partie de la Russie soumise au duc de Lithuanie. Il s'empara de la grande et fameuse ville de Novgorod, alors capitale de la Russie, et prit aussi Moscou, qui prend son nom de la rivière sur laquelle elle est située. Don Juan, roi d'Arragon, et René, roi de Naples, moururent dans une grande vieillesse. Celui-ci nomma Charles du Maine héritier de ses états, qui furent bientôt réunis à la couronne de France, par la mort de ce prince. La puissance ottomane faisait trembler l'Europe. Mahomet II ne put s'emparer de Rhodes; mais il menaça l'Italie, et se rendit maître d'Otrante. Il formait d'autres projets de conquêtes, lorsque la mort le prévint dans la ville de Nicomédie. Ses deux fils Zizim et Bajazet se disputèrent la couronne : le dernier fut élevé sur le trône par les janissaires, au préjudice de l'aîné. Pendant ces discussions, la ville d'Otrante fut enlevée aux Turcs. Zizim, ayant perdu deux batailles, se réfugia à Rhodes, où il fut retenu par les chevaliers. Il fut ensuite envoyé en France et livré au pape Innocent VIII. Richard, duc de Glocester, s'empara de la couronne d'Angleterre, au préjudice de ses neveux, les enfans d'Edouard IV, qui furent massacrés par ses ordres. Louis XI mourut vers ce temps ; il fut enterré dans l'église de Notre-Dame de Cléry. Ferdinand et Isabelle faisaient la guerre aux Maures de Grenade; et le temps approchait que la domination de ces infidèles devait être tout-à-fait éteinte en Espagne. La minorité de Charles VIII, roi de France, était agitée par les troubles qu'excitèrent les princes et particulièrement le duc d'Orléans, contre la régente Anne de Baujeu, sœur du roi. La paix fut rétablie par le mariage de Charles avec Anne de Bretagne, héritière de ce duché. Frédéric III, empereur d'Allemagne, donna l'Autriche avec le titre d'archiduc à son fils Maximilien. Henri VII régnait en Angleterre, après avoir tué Richard III dans une bataille. Il avait épousé Elisabeth, fille d'Edouard IV, et réunit ainsi les droits

Aus. des deux maisons d'Yorck et de Lancastre. Le royaume de Navarre était alors possédé par Jean d'Albret, qui l'avait obtenu par son mariage avec Catherine, fille de Gaston, comte de Foix. Après huit années de guerre, Ferdinand se rendit enfin maître du royaume de Grenade. Cette conquête détruisit l'empire des Maures en Espagne : ils y étaient établis depuis 800 ans. Les Juifs furent aussi chassés de ce

1492 pays ; il en sortit 170,000 familles. A peine Ferdinand avait-il exécuté ces grandes entreprises, que Christophe Colomb, génois, partit de Cadix, pour porter la gloire du nom de son maître dans un nouveau monde, et y établir en même temps sa domination. Il découvrit d'abord les îles voisines de la Floride, et en rapporta de grandes richesses, à son retour en Espagne. Le pape Alexandre VI donna la souveraineté des terres nouvellement découvertes à Ferdinand et Isabelle, à condition qu'ils y enverraient des Missionnaires, pour instruire les peuples de la religion chrétienne. Dans le même temps Barthélemi, portugais, découvrit le cap de Bonne-Espérance, et ouvrit par-là, à ceux de sa nation, le chemin des Indes-Orientales. Vasco de Gama ne tarda pas à y pénétrer. L'empereur Frédéric III mourut, et Maximilien son fils, déjà roi des Romains, prit possession de l'empire d'Allemagne. Charles VIII, roi de France, entreprit la conquête du royaume de Naples, afin de soutenir les droits de la maison d'Anjou, dont il était héritier. Il entra triomphant à Milan, que possédait l'usurpateur Louis Sforce, à Florence, d'où Pierre de Médicis venait d'être chassé, à Rome, où le pape Alexandre VI se tenait enfermé dans le château St.-Ange, craignant, non sans raison, d'être déposé. Enfin le jeune vainqueur s'empara, en quinze jours, du royaume de Naples : le roi Alphonse avait abdiqué la couronne, en faveur de son fils Ferdinand; ce prince se vit contraint de fuir, et bientôt sa capitale tomba au pouvoir du roi de France, dont l'entrée fut des plus brillantes. Ces éclatans succès furent de peu de durée. Les princes d'Italie réunirent leurs forces contre les Français : Charles ne put rentrer dans ses états qu'après avoir vaincu ses ennemis à Fournoue et à Séminare. Bientôt ses conquêtes lui furent enlevées : Ferdinand reprit son royaume. Gilbert, comte de Montpensier, vice-roi, nommé par Charles, périt misérablement avec un grand nombre de Français. Ferdinand mourut aussi, et laissa la couronne à son oncle Frédéric, frère d'Alphonse. Charles VIII fut enlevé subitement, à la fleur de l'âge. Louis XII, son cousin, fils de Charles, duc d'Orléans, fut son successeur. Ce prince avait épousé, malgré lui, Jeanne, fille de Louis XI; il la répudia et obtint que son mariage fût déclaré nul. La princesse supporta cette affliction avec beaucoup de fermeté : elle se retira à Bourges, où elle institua l'ordre de l'Annonciation ou des Annonciades, dont il se forma plusieurs monastères. Le royaume de Perse changea encore une fois de domination : il retomba sous la puissance des Sarrasins, et devint la conquête d'Ismaël Sophi, descendant d'Hali, cousin-germain de Mahomet. Louis XII, roi de France, fit la conquête du Milanais, et y établit Jean-Jacques Trivulce pour gouverneur. En ce temps, naquit Charles-Quint, fils de l'archiduc Philippe et de la princesse Jeanne, héritière de la Castille. Les Turcs enlevèrent plusieurs villes aux Vénitiens. D'un autre côté, les Portugais découvrirent le Brésil et s'y établirent : l'auteur de cette expédition se nommait Américus; de là vient le nom d'Amérique, donné au nouveau monde. Louis XII avait entrepris la conquête du royaume de Naples, qu'il partagea avec Ferdinand, roi d'Espagne; mais quelques différens étant survenus entre ces deux princes, au sujet de leurs possessions, les Français furent chassés de ce pays. Le roi donna sa nièce Germaine de Foix, à Ferdinand, en lui cédant pour dot ses droits au royaume de Naples. Les Portugais s'établirent dans les Indes orientales, et y conquirent Goa. Ferdinand se rendit maître, en Afrique, d'un port considérable, nommé par les Arabes Mazalquivir, c'est-à-dire grand port. Cette conquête fut suivie de plusieurs autres; les corsaires d'Alger ainsi que les autres peuples voisins devinrent tributaires de l'Espagne. Philippe d'Autriche, étant allé prendre possession de la Castille, avec Jeanne sa femme, mourut dans la même année. Cet événement fit perdre à la princesse le peu d'esprit qu'elle avait : son père Ferdinand fut obligé de reprendre le gouvernement de sa province. L'Italie était alors fort agitée. La ville de Gênes se révolta contre Louis XII, qui l'avait soumise ; elle fut aussitôt domptée. Les Florentins reprirent la ville de Pise, qui s'était, depuis longtemps, soustraite à leur domination. Les Vénitiens furent attaqués par une partie des princes d'Europe, sur qui ils avaient fait des usurpations ; ils perdirent la bataille d'Agnadel, que gagna sur eux le roi Louis XII, et furent obligés d'abandonner ce qu'ils possédaient sur la terre ferme ; mais ils reprirent peu après la ville de Padoue, et repoussèrent l'empereur Maximilien, qui l'assiégeait. Le pape Jules II gouvernait alors l'Eglise; il était ennemi déclaré de la France. Sa conduite violente alluma la guerre entre cette puissance et la sienne, il commença par attaquer le duc de Ferrare, dont il croyait avoir sujet de se plaindre, et enleva injustement la ville de la Mirandole aux enfans de Jean Pic. Ensuite il assembla le cinquième concile général de Latran, pour l'opposer à celui que quelques cardinaux avaient fait assembler à Pise. Il forma une ligue avec le roi d'Espagne et les Vénitiens contre les Français. Les alliés furent battus à Ravenne, par Gaston de Foix, neveu du roi ; mais la mort de ce jeune héros ruina les affaires de France, en Italie. Toutes ses conquêtes lui furent enlevées, et son territoire envahi par les Suisses et par les Anglais. Le royaume fut alors sauvé par la valeur et la prudence de Louis de la Trémouille. Jean d'Albret, roi de Navarre, fut dépouillé d'une partie de ses états par Ferdinand ; il se retira dans le Béarn. En ce temps, Bajazet II, empereur des Turcs, étant fort âgé, fut contraint de céder l'empire à son fils Sélim. C'est alors que commença l'empire des chérifs en Afrique, Mahomet Benhemet, se disant issu du sang du grand prophète, et s'étant sanctifié, dans l'opinion des peuples, par une longue solitude, excita leur fureur contre les chrétiens et les Maures qui s'étaient alliés avec eux: avec ses deux fils, il conquit les royaumes de Fez, de Maroc et de Trémécen. François Ier venait de monter sur le trône de France : son règne eut de glorieux commencemens, suivis de bien des revers. La victoire de Marignan, sur les Suisses, ouvrit aux Français le chemin d'Italie. François Sforce, successeur de son frère Maximilien, céda le duché de Milan au roi, moyennant quelques dédommagemens. François Ier eut ensuite une entrevue avec le pape Léon X, à Bologne ; il conclut avec lui le concordat, par lequel le pape donna au roi la nomination aux évêchés et aux abbayes de son royaume, et le roi accorda au pape les annates, c'est-à-dire les revenus d'un an de ces grands bénéfices, à chaque nouvelle élection. Ferdinand, roi d'Espagne, mourut, et laissa l'administration de la Castille au cardinal Ximenès, qui gouverna, pendant deux ans ce royaume, avec une grande sagesse. Les Vénitiens, aidés du secours des Français, reprirent Véronne, et firent perdre

Ans. à l'empereur Maximilien la pensée d'établir sa domination en Italie. L'empereur Sélim rendait la puissance ottomane toujours plus formidable. Il soumit le reste de la Syrie et conquit l'Egypte, dont il fit pendre le soudan. Le pape, craignant que ce torrent vînt à inonder toute l'Europe, envoya des légats à tous les princes chrétiens, pour les exhorter à s'unir contre l'ennemi commun, et fit publier des indulgences pour ceux qui, par leurs aumônes, contribueraient aux frais de cette guerre. Les religieux jacobins furent chargés de les annoncer. Cette préférence déplut aux Augustins, qui avaient eu

1517 jusqu'alors cette prérogative. Luther, docteur en théologie, dans l'université de Wirtemberg, se mit à déclamer contre ces prêcheurs d'indulgences et contre les indulgences mêmes. Bientôt il abjura tout sentiment de respect et de soumission envers l'Eglise romaine, et sous la protection de Frédéric et de Jean, successivement ducs de Saxe, il fit une religion, qui s'établit dans plusieurs pays de l'Europe. Il se forma une multitude de sectes, qui combattaient les unes contre les autres. Zuingle, curé de Zurich en Suisse, fut un des auteurs de celle des sacramentaires.

Il y avait en Savoie un ordre militaire, nommé

Ans. l'ordre du Collier, institué autrefois par Amédée VI. Le duc Charles III y fit quelques augmentations, et changea le nom de l'ordre en celui de l'Annonciade. Cependant Charles d'Autriche s'élevait au premier rang, parmi les souverains de l'Europe : déjà maître de l'Espagne, il fut élu empereur d'Allemagne, après la mort

1520 de son aïeul Maximilien. Ce prince, ayant accordé sa confiance à quelques Flamands, les Espagnols en furent jaloux, et formèrent une ligue, appelée la *Santa Junta*, pour l'expulsion de ces étrangers. Cette faction fut dissipée, un an après, par la perte d'une bataille. Pendant ce temps, la France entreprit de rétablir Henri, fils et successeur de Jean d'Albret, sur le trône de Navarre. La conquête de ce royaume fut faite, en peu de temps, par André de Foix, et perdue de même. Ce fut au siége de Pampelune qu'Ignace de Loyola, jeune gentilhomme du pays de Guipuscoa, qui s'était jeté dans cette ville, fut blessé de l'éclat d'un coup de canon, qui lui rompit une jambe, dont il demeura boiteux toute sa vie. Cette disgrace le détacha des choses de la terre, et donna naissance à la célèbre compagnie de Jésus, dont il fut le fondateur. Vers ce même temps, les Espagnols firent la conquête du Mexique, sous la conduite de Fernand Cortez. La rivalité du roi de France et de l'empereur éclata par une guerre cruelle, entre ces deux souverains. Le chevalier Bayard se rendit illustre par la défense de Mézières. Henri VIII, roi d'Angleterre, ne put, malgré sa médiation, amener une paix qui était devenue nécessaire pour la France. Le pape et l'empereur chassèrent les Français du Milanais et de Gênes. Sforce fut rétabli dans son duché.

La puissance des Turcs s'élevait encore, sous le règne de Soliman II, successeur de Sélim : il conquit la ville de Belgrade, en Hongrie, et enleva l'île de Rhodes aux chevaliers de ce nom, malgré la résistance héroïque du grand-maître Villiers de l'Ile-Adam. Le pape Adrien VI leur donna la ville de Viterbe pour retraite. La révolte du connétable de Bourbon devint un nouveau malheur pour la France, qui perdit peu après Bayard, le plus illustre des chevaliers. La funeste bataille de Pavie et la captivité de François Ier furent causées par les mauvais conseils de l'amiral Bonnivet, qui trouva une fin malheureuse. Le roi d'Angleterre et les princes d'Italie conspirèrent contre l'empereur : le duc de Milan fut dépouillé de ses états, comme coupable du crime de félonie. Pendant

Ans. que Charles humiliait ses ennemis, des richesses immenses lui étaient acquises dans le nouveau monde, par la conquête du Pérou, faite par François Pizarre.

En ce temps, il arriva un changement dans l'ordre de St. François. Mathieu de Baschi, frère mineur, se retira dans une solitude, avec dix ou douze de ses compagnons, et fut auteur de la réforme des capucins.

1526 — Cependant le traité de Madrid rendit la liberté à François Ier, tandis que les Turcs étendaient leurs conquêtes dans la Hongrie, après la bataille de Mohatz et la mort du roi Louis. La guerre continua entre la France et l'empire. L'Italie était armée contre Charles-Quint ; Rome fut saccagée par les troupes du connétable de Bourbon, qui semblait vouloir réparer sa faute, lorsque la mort le frappa. Le pape demeura enfermé, pendant six mois, dans le château St.-Ange, et ne fut délivré qu'au moyen d'une forte rançon. Il se fiait si peu aux Espagnols, qu'il crut devoir sortir de Rome déguisé en marchand. Les Français reprirent une partie du Milanais, et assiégèrent Naples ; mais la mort de leur général Lautrec, et le mécontentement d'André Doria, qui passa du côté de l'empereur, mirent les affaires de France dans une très-mauvaise situation. Doria obtint une autorité absolue dans Gênes, sa patrie, et lui rendit la liberté.

A cette époque, commença le schisme d'Angleterre, causé par le refus que fit le pape Clément VII de casser le mariage de Henri VIII, avec Catherine d'Arragon, tante de l'empereur. Le roi voulait épouser Anne de Boulen, attachée au service de la reine et luthérienne. Cette affaire causa la disgrace du cardinal Wolsey : la charge de chancelier lui fut enlevée, et il mourut l'année suivante, ayant été accusé du crime de lèse-majesté. Les Florentins avaient profité de la captivité du pape pour chasser les Médicis et se remettre en liberté. Le pape trouva moyen de rétablir sa famille, en traitant avec l'empereur. Le traité des Dames ou de Cambrai fut conclu, presque dans le même temps, par la princesse Marguerite, tante de l'empereur, et Louise, duchesse d'Angoulême, mère de François Ier ; il y fut décidé que le duché de Bourgogne demeurerait à la France.

La Hongrie était troublée par l'ambition de Jean, comte de Scépus, Vaivode de Transilvanie, qui disputait la couronne à Ferdinand, frère de l'empereur et beau-frère du défunt roi. Soliman, sultan des Turcs, au lieu de secourir

Aus.
1529

Jean, qui l'avait appelé, s'empara de plusieurs villes, et alla ensuite assiéger Vienne : la disette des vivres et l'approche de l'hiver lui firent abandonner son entreprise. En ce même temps, Charles-Quint reçut la couronne impériale à Bologne, le jour de St. Mathias, qui était celui de sa naissance et de la bataille de Pavie. Il érigea Mantoue en duché, en faveur de Frédéric de Gonzague, dont les vertus étaient au-dessus de tous les titres d'honneur qu'on pouvait lui donner. L'état de Florence reçut la même prérogative que Mantoue, pour honorer la famille de Médicis, et la rendre plus digne de l'alliance du chef de l'empire. Ce prince donna l'île de Malte aux chevaliers de St. Jean de Jérusalem : ils prirent le nom de cette nouvelle possession, et l'ont conservé depuis.

L'ordre de St. François se partageait en plusieurs congrégations, qui faisaient comme autant d'ordres séparés. Quelques frères mineurs, voulant observer une plus étroite discipline que les autres, obtinrent du pape Clément VII des couvents particuliers, où ils recevaient ceux qui avaient l'esprit de recueillement : de là leur vint le nom de Récollets. Il y avait déjà un tiers ordre, appelé depuis en France Picpus, à cause d'un couvent qu'ils avaient en ce lieu-là.

La secte de Luther se fortifiait tous les jours. L'archiduc Ferdinand et les princes catholiques ayant fait un décret contre ces hérétiques, dans la ville de Spire, ils protestèrent contre, ce qui leur fit donner le nom de Protestans. Ils présentèrent ensuite à l'empereur leur confession de foi dans la ville d'Ausbourg, où il tenait une assemblée au sujet de la religion; c'est ce qu'on a appelé la *confession d'Ausbourg*. Luther l'avait composée ; Mélanchthon l'expliqua et l'étendit. Peu après, Calvin, fils de Gérard, secrétaire de l'évêque de Noyon, commença à débiter sa doctrine. On dit qu'il jeta les premiers fondemens de sa secte à Poitiers, dans un jardin, et qu'il y institua la forme de la cène qui a été pratiquée depuis par ses disciples. Il en envoya quelques uns dans différens endroits, pour répandre ses dogmes : lui-même se rendit à Nérac et à Ferrare, vers les princesses Marguerite, sœur de François Ier, et Renée, belle-sœur de ce prince, toutes les deux fort curieuses de ces nouveautés. L'évêque de Genève ayant été chassé par son peuple, Calvin fit de cette ville le lieu de sa résidence, et y acquit une grande autorité. Cette même année

Ans. les anabaptistes excitèrent une sédition dans la ville de Munster ; ils y élurent pour roi un tailleur nommé Jean de Leyden. Leur évêque les soumit, et fit punir les plus coupables.

1534 L'Irlande s'érigea alors en royaume, et Henri VIII en fut proclamé roi, dans l'assemblée des états du pays. L'empereur et le roi de France avaient de nouveaux sujets de se faire la guerre. François Ier était entré dans la ligue des princes protestans d'Allemagne, conclue à Smalkade : il favorisait Philippe, Landgrave de Hesse, qui obligea l'archiduc Ferdinand à rendre aux ducs de Wirtemberg les terres qu'il leur avait enlevées. Le roi ne perdait pas de vue le Milanais, où l'empereur avait rétabli François Sforce. Après la mort de celui-ci, Charles-Quint prit possession de ce duché, et fit espérer au roi de France de le donner à l'un de ses fils, ce qui n'empêcha pas François Ier de dépouiller le duc de Savoie de ses états, parce qu'il ne tenait nul compte des droits qui avaient appartenu à Louise, mère du roi et princesse de Savoie. Un peu avant, l'empereur avait fait une expédition en Afrique, contre le fameux corsaire Barberousse. Il rétablit Mulei-Hascen sur le trône de Tunis, et délivra deux mille esclaves chrétiens. La France fut attaquée par l'empereur : il ne put prendre Marseille et se vit contraint de se retirer, après avoir perdu une bonne partie de son armée. Une autre partie des troupes impériales n'était guère plus heureuse : il n'y eut que la ville de Guise enlevée à la France. Le roi fut affligé d'une autre manière, par la mort de son fils aîné François, jeune prince doué des plus heureuses qualités ; il fut empoisonné par le comte Sébastien Montécuculi, seigneur ferrarais, qui accusa les généraux de l'empereur de l'avoir excité à commettre ce crime. Jacques V, roi d'Ecosse, se montra fidèle allié de la France, et lui amena un secours considérable. Le roi, sensible à ce procédé généreux, donna en mariage à ce prince sa fille aînée Madelaine. Cette princesse étant morte, dans la même année, Jacques V épousa, en seconde noce, Marie, fille de Claude, premier duc de Guise, et veuve de Louis, duc de Longueville. Henri VIII troublait toute l'Angleterre par son apostasie. Il se dégoûta bientôt d'Anne de Boulen, et la fit mourir sur l'échafaud. Il persécuta les religieux, fit détruire le tombeau de S. Thomas, archevêque de Cantorbéry, et fit brûler ses reliques, objet de la vénération des peuples. Ceux qui eurent le courage de demeurer fidèles à la religion, devinrent les victimes de sa vengeance, entr'autres le chancelier Thomas Morus et Jean Fischer, évêque de Rochester et cardinal. Ce prince s'allia avec l'empereur, tandis que François Ier faisait alliance avec Soliman, qui, peu de temps après, gagna deux batailles contre Ferdinand, roi de Hongrie. Les Florentins firent un nouvel effort pour se soustraire à la domination des Médicis, et le duc Alexandre trouva un assassin dans sa famille. Le jeune Côme de Médicis devint son successeur; il affermit son autorité, malgré les efforts de Strozzi et des autres partisans de la liberté. Le pape Paul III essaya de réconcilier l'empereur avec le roi de France; mais il ne put obtenir qu'une trêve de neuf ans. Charles-Quint fut obligé de traverser la France, pour aller apaiser la révolte des Gantois contre la princesse Marie, sa sœur, reine douairière de Hongrie. Ce royaume était, depuis long-temps, le théâtre d'une guerre sanglante : les divisions qui le déchiraient, facilitèrent à Soliman la conquête de plusieurs villes. L'empereur était toujours l'ennemi déclaré de la France, malgré les honneurs qu'il avait reçus, en traversant le royaume, et la générosité de François Ier, qui ne voulut former aucune entreprise contre lui, pendant sa malheureuse expédition d'Alger, où

Ans. la flotte impériale fut entièrement détruite. Il se vit attaqué de plusieurs côtés à la fois ; les succès furent partagés. Le roi de France tira peu de secours de l'alliance qu'il avait faite avec Soliman. Ce sultan lui envoya une flotte commandée par Barberousse ; François de Bourbon, comte d'Anghien, y joignit la sienne, et ces deux chefs assiégèrent Nice ; mais l'entreprise n'ayant pas réussi, le général turc obtint sans peine la permission de se retirer. Enfin la victoire des Cérisoles, gagnée par le comte d'Anghien, sur le marquis du Guast, général de l'empereur, releva le courage et l'espoir des Français. D'un autre côté, la France était menacée par la ligue formée contre elle, par l'empereur et le roi d'Angleterre, mais le progrès de leurs armes fut arrêté par la paix de Crépy, qui fit cesser la guerre.

En ce temps, l'Eglise était fort troublée par les nouvelles doctrines, qui se répandaient partout : pour remédier à ce mal, le concile de Trente fut assemblé, sous le pontificat du pape Paul III. La mort de François Ier suivit de bien près, ainsi que celle du roi d'Angleterre. L'empereur était toujours en guerre avec les protestans d'Allemagne ; il les vainquit à Mulberg, et fit le duc de Saxe prisonnier : toutes les grandes villes se soumirent, excepté Magde-

1545

bourg. Dans le même temps, la ville de Plaisance, ayant fait mourir Pierre-Louis Farnèse son gouverneur, reconnut Ferdinand de Gonzague pour son seigneur, et se donna ainsi à l'empereur. Au milieu de tant de prospérités, Charles-Quint faillit perdre le royaume de Naples par l'établissement que le vice-roi don Pèdre de Tolède y voulut faire de l'inquisition: cette entreprise fut abandonnée. L'Angleterre devint tout-à-fait hérétique. Edouard VI, successeur de Henri VIII, régnait sous la tutelle d'Edouard Seimour, duc de Sommerset, son oncle maternel. Ce duc, se trouvant imbu des opinions de Zuingle, réussit, avec le secours de Thomas Crammer, archevêque de Cantorbéry, qui était luthérien, à obtenir une ordonnance du parlement pour abolir la religion catholique dans tout le royaume : il en introduisit une autre mêlée de la doctrine de Luther et de Calvin, et connue sous le nom de religion anglicane. Les troubles qui agitaient l'Angleterre, permirent à Henri II, roi de France, de reprendre Boulogne. La guerre se ralluma entre le roi et l'empereur, au sujet de la ville de Parme. Charles-Quint voulait enlever cette ville à Octave Farnèse; Henri II prit la défense de ce Prince ; il excita Soliman à faire la guerre à l'empereur. Le sultan venait de remporter des victoires signalées sur le roi de Perse, et il était fort disposé à rompre la trève conclue avec Charles, parce que ce prince avait pris sur le corsaire Dragut, un de ses capitaines, les villes d'Afrique et de Monester en Barbarie, de plus Ferdinand, frère de l'empereur, avait trouvé moyen de se faire céder la Transilvanie par la veuve de Jean, comte de Scépus. Soliman renouvela la guerre et reprit cette province. Le roi de France se ligua avec les protestans d'Allemagne contre l'empereur : Maurice, duc de Saxe, irrité de ce que ce prince retenait prisonnier le langrave, son beau-père, se mit à leur tête. Il faillit surprendre Charles à Inspruck, l'obligea à une fuite précipitée, et obtint la délivrance du prisonnier. Le roi s'empara des villes de Metz, Toul et Verdun, qui depuis sont toujours demeurées à la France. Peu après l'empereur étant venu en personne assiéger Metz, François, duc de Guise, le força d'abandonner son entreprise. La guerre se faisait aussi en Picardie, et l'armée impériale qui ravagea cette province, causa une grande frayeur aux Parisiens. Le roi profita de cette circonstance pour fortifier la capitale, aux dépens de ses habitans, du côté où elle était menacée. Les Français, aidés des Turcs, s'emparèrent de l'île de Corse, qui appartenait aux Génois; mais, bientôt après, André Doria reprit une bonne partie des places de cet île.

La mort du jeune roi Edouard VI causa une grande révolution en Angleterre. Le duc de Northumberland l'avait engagé à laisser la couronne à sa belle-fille Jeanne de Suffolck, fille de Marie, sœur de Henri VIII. Cette princesse fut d'abord reconnue reine et reçue dans la tour de Londres. Sa fortune ne fut pas de longue durée : le duc, son protecteur, cherchait à se saisir de Marie, sœur d'Edouard, lorsque Jeanne fut elle-même arrêtée et retenue prisonnière. Marie fut reçue en triomphe à Londres, et cimenta son nouveau règne par le sang de Jeanne et de sa famille. Cette princesse rétablit la religion catholique en Angleterre; elle épousa Philippe, fils de l'empereur. La guerre recommença bientôt avec un nouvel acharnement, entre Henri II et Charles-Quint : celui-ci fut vaincu à Renti; Mais les Français furent malheureux en Italie; l'état de Sienne leur fut enlevé malgré la valeur de Blaise de Montluc, qui soutint un siége de huit mois : cette conquête tomba au pouvoir de l'empereur, qui la donna à son fils. Pendant ce temps, le maréchal de Brissac se distingua dans le Piémont, par de brillans faits d'armes. Le cardinal Caraffe, archevêque de Théate, et instituteur des Théatins, fut alors élu pape, et prit le nom de Paul IV, sous son pontificat, on vit s'établir une nouvelle congrégation, celle des Barnabites, fondée à Milan par deux gentilshommes Italiens.

Henri d'Albret mourut et laissa sa couronne de Navarre à Jeanne sa fille, mariée à Antoine de Bourbon, duc de Vendôme. Un événement singulier causa beaucoup de surprise et d'admiration. Charles-Quint, se sentant affaibli par les fatigues de la guerre, résolut de se retirer pour ne plus penser qu'à la mort. Il abandonna ses vastes Etats, avec les richesses du nouveau monde, à son fils Philippe II, et ne pouvant obtenir de son frère Ferdinand, déjà roi des Romains, qu'il renonçât à l'empire, en faveur de son neveu, il le lui laissa et se renferma dans le couvent de Saint-Just, de l'ordre des Hiéronimites, dans la province d'Estramadure, en Espagne, où il vécut près de deux ans. La guerre continua entre la France et l'Espagne. La funeste bataille de Saint-Quentin, la prise de Calais sur les Anglais, et le mariage de Marie Stuart, reine d'Ecosse, avec le dauphin, précédèrent le traité de Cateau-Cambrésis, qui rétablit la paix. Henri II, trouva la mort dans les fêtes qui furent données à l'occasion du mariage d'Elisabeth de France avec le roi d'Espagne. Le sire de Montgoméri porta au roi un coup malheureux, en brisant une lance avec lui. Cet événement fit cesser l'usage des jeux militaires connus sous le nom de tournois. Elisabeth régnait alors en Angleterre; elle ramena ses sujets à la religion protestante, tandis que la France était livrée aux troubles qu'excitait l'ambition des princes de la famille royale, rivaux des Guises, oncles de la reine Marie Stuart : la différence de religion était le prétexte de leur division. La conjuration d'Amboise faillit coûter la vie au prince de Condé, qui fut reconnu comme le véritable chef de ce complot ; la mort du roi arriva fort à propos pour sauver cet illustre coupable. Le règne de Charles IX fit amener la guerre civile entre les catholiques et les protestans ; guerre qui, renouvelée plusieurs fois, désola long-temps le royaume et fut soutenue, de part et d'autre, avec un acharnement et une cruauté dignes des peuples les plus barbares. Les protestans, ayant le prince de Condé à leur tête, s'emparèrent d'abord de plusieurs villes, qui furent bientôt reprises par les catholiques. Antoine de

Ans. Bourbon, roi de Navarre, trouva la mort devant Rouen, et laissa son royaume à Henri son fils. La bataille de Dreux fut toute à la gloire du duc de Guise, qui fut assassiné par un protestant, nommé Jean Poltrot de Méré, pendant qu'il assiégeait Orléans : la paix fut presqu'aussitôt conclue.

1564 Le concile de Trente fut enfin terminé sous le pontificat de Pie V, et cette grande lumière dissipa les ténèbres de l'erreur, qui s'étendaient de tous côtés. L'empereur Ferdinand mourut et laissa l'empire à son fils Maximilien II.

En ce temps, S. Philippe de Néri posa à Rome le fondement de la congrégation des prêtres de l'Oratoire.

Soliman II, parvenu à une grande vieillesse, voulut encore faire briller ses armes : il fit assiéger l'île de Malte ; mais il y perdit une bonne partie de son armée. Il mourut, l'année suivante, devant Sigeth, ville de Hongrie, que ses soldats emportèrent d'assaut. Les Espagnols venaient de découvrir des îles situées à l'Orient de l'Asie, qu'ils nommèrent Philippines, du nom de leur roi. C'est alors que commencèrent les guerres civiles des Pays-Bas, dont les habitans ne voulaient pas se soumettre au joug de l'inquisition. Le duc d'Albe fut envoyé en Flandre, à la tête d'une armée. Cet événement causa quelques alarmes aux protestans de France, qui reprirent les armes et se saisirent de la Rochelle. Ils voulaient surprendre la cour à Monceaux ; mais leur projet fut découvert : la bataille de Saint-Denis suivit de bien près ; le connétable de Montmorenci y perdit la vie. Les rebelles, quoique vaincus, firent le siége de Chartres, après avoir reçu les secours de Jean Casimir, prince palatin ; une nouvelle paix donna quelques instans de tranquillité. Le duc d'Albe acheva de tout perdre en Flandre, par son orgueilleuse sévérité. Il fit bâtir des citadelles dans les principales villes, et fit couper la tête aux comtes d'Egmont et de Horn. Le roi d'Espagne, par des motifs de jalousie autant que par raison d'état, fit mourir le prince Charles, son fils unique, et empoisonna la reine Elisabeth, sa femme. La France vit la guerre se rallumer avec plus de fureur que jamais. On voulut se saisir du prince de Condé et de l'amiral de Coligni ; ils se jetèrent dans la Rochelle, rempart de l'hérésie ; les autres chefs du parti s'y réunirent ; Jeanne d'Albret y vint avec ses deux enfans. Le prince de Condé fut tué à Jarnac, par Montesquiou, capitaine des gardes du duc d'Anjou, frère du roi, chef de l'armée catholique. La victoire de Montcontour détruisit presqu'entièrement l'armée ennemie ; mais l'amiral soutint le courage des siens, et quelques avantages leur firent obtenir une paix encore plus glorieuse pour eux que les précédentes. Les Maures d'Espagne s'étaient révoltés, depuis trois ans, et s'étaient donné deux rois, l'un après l'autre; mais enfin ils furent domptés par le duc d'Arcos, qui acheva cettte guerre.

On voit, en ce même temps, l'institution des frères de la Charité. Le bienheureux Jean de Dieu, né au diocèse d'Evora, en Portugal, homme simple et sans lettres, mais animé du zèle de la charité, commença cette congrégation en Espagne. Paul V l'érigea dans la suite en ordre religieux.

Cependant les Turcs, ennemis perpétuels des chrétiens, voulurent enlever l'île de Chypre aux Vénitiens : le pape fit ce qu'il put pour empêcher une perte si funeste à la chrétienté ; il conclut une ligue avec le roi d'Espagne et les Vénitiens. La mésintelligence qui régnait parmi les chefs, leur fut nuisible, et la victoire de Lépante ne procura pas les grands avantages qu'on pouvait en at-

Ans. tendre. Le pape, ayant reçu la nouvelle de ce glorieux événement, et l'attribuant à l'intercession de la Sainte-Vierge, institua, en son honneur, la fête du rosaire, et voulut qu'on ajoutât à ses litanies *Auxilium christianorum*. C'est ce même pontife, Pie V, qui donna au duc de Florence, le titre de grand duc de Toscane.

1520 Une horrible catastrophe se préparait en France, quoique la paix semblât mieux affermie que jamais, par le mariage du jeune roi de Navarre avec la sœur de Charles IX. L'assassinat de l'amiral de Coligni et le massacre des protestans, dans presque toutes les villes et provinces du royaume, furent ordonnés et exécutés avec une cruauté dont l'histoire offre peu d'exemples. La guerre recommença bientôt, et se termina par une paix avantageuse pour les ennemis. Le duc d'Anjou avait été élevé sur le trône de Pologne; mais à peine l'eût-il possédé quatre mois, qu'il fut rappelé en France, par la mort de son frère. D'un autre côté, Philippe II, roi d'Espagne, reçut un grand échec en Afrique : l'armée qu'il y envoya, ne put rétablir un roi de Tunis, que les Turcs avaient détrôné; il perdit même une place que possédait la couronne d'Espagne, dans cette partie du monde. Ce fut le dernier exploit de Sélim II, qui laissa, par sa mort, l'empire à Amurat III, son fils. Les Polonais, abandonnés du roi qu'ils avaient choisi, offrirent la couronne à Sigismond Batotri, prince de Transilvanie, qui l'accepta et s'affermit sur le trône, en épousant la princesse Anne, sœur du défunt roi : la mort de l'empereur Maximilien le confirma dans sa nouvelle dignité. La France était toujours agitée par les troubles qu'occasionnait le parti des hérétiques et des mécontens. La paix qui fut accordée aux protestans, révolta les catholiques ; ils formèrent alors cette fameuse ligue, qui causa de terribles mouvemens dans le royaume. Rodolphe II, fils du dernier empereur, lui succéda. La guerre qui se faisait, depuis douze ans, dans les Pays-Bas, était alors plus allumée que jamais. Les révoltés appelèrent à leur secours le duc d'Anjou (auparavant duc d'Alençon). Don Juan d'Autriche, leur gouverneur, fut frappé d'une mort précipitée, qui excita quelques soupçons. Don Sébastien, roi de Portugal, ayant entrepris mal-à-propos une guerre contre les Maures d'Afrique, y périt avec toute son armée. Il n'avait pas d'enfans ; le cardinal Henri, son grand-oncle, lui succéda ; mais il mourut bientôt, et plusieurs princes se disputèrent la couronne de Portugal. Le roi d'Espagne était du nombre ; il envoya en ce pays le duc d'Albe, qui le soumit à son maître.

Il s'était introduit, depuis long-temps, une erreur dans la manière de compter les jours de l'année, d'où il résultait une grande confusion dans le partage des temps. Le pape Grégoire XIII fit réformer le calendrier, avec le secours des plus célèbres astronomes de son temps, qu'il avait réunis pour remédier à ce désordre. Le duc d'Anjou, déjà reconnu souverain des Pays-Bas, voulut, pour affermir sa domination, se saisir de plusieurs villes, en un même jour ; mais il manqua son coup, et fut obligé de quitter le pays. Il mourut, l'année suivante, à Château-Thierry. Le duc de Parme, gouverneur des Pays-Bas, se rendit illustre par ses conquêtes, et ramena beaucoup de villes à l'obéissance de la cour d'Espagne. Guillaume de Nassau, prince d'Orange, chef des insurgés, fut assassiné et le prince Maurice son fils, âgé de 18 ans, fut nommé capitaine-général par les Etats ; ils implorèrent le secours du roi de France, dont ⁿˢ· le royaume était fort agité, depuis la mort de son frère, au sujet de la succession au trône. Le duc de Parme se distinguait en Flandre, par de nouveaux exploits : il s'empara de la ville d'Anvers, malgré une résistance extraordinaire.

1586 La congrégation des Feuillans prit alors naissance, dans l'abbaye de Rieux, à six lieues de Toulouse. Elle eut pour auteur Jean de la Barrière, qui, étant abbé commendataire de ce lieu-là, y avait pris l'habit de moine. Le roi Henri III lui fonda un couvent à Paris, près du jardin des Tuileries.

Une sanglante tragédie parut alors sur le théâtre du monde. Élisabeth, reine d'Angleterre, sur des soupçons de conspiration, fit trancher la tête à Marie Stuart, reine d'Écosse, sa cousine, après l'avoir tenue dix-huit ans prisonnière : cette princesse était veuve de François II, roi de France, et de Henri Stuart, duc de Lenox ; à la mort de ce dernier, elle avait épousé le comte de Bothwel. L'empereur Rodolphe faisait la guerre aux Polonais : l'archiduc Maximilien, son frère, ne put s'emparer de Cracovie, qu'il assiégeait ; il fut même fait prisonnier, dans une bataille, par Zamoski, général des Polonais.

La guerre, dite des trois Henri, déchirait la France, sans donner l'avantage à aucun parti, malgré la victoire de Coutras, obtenue par le roi de Navarre sur le duc de Joyeuse, chef de l'armée royale. Sur ces entrefaites, le prince de Condé fut empoisonné à Saint-Jean-d'Angéli, par ses domestiques. Sa femme Charlotte Catherine de la Trémouille fut accusée d'être complice de ce crime; mais elle fut justifiée au parlement, sous le règne suivant. De nouvelles secousses vinrent encore ébranler le trône du faible Henri, qui se vit contraint de traiter avec quelques sujets rebelles. Enfin, voulant ressaisir une autorité qui recevait chaque jour de nouvelles atteintes, il fit tuer le duc de Guise, principal chef de la ligue, pendant la tenue des états de Blois : le cardinal, frère d'Henri-le-Balafré, eut le même sort. Cet événement eut des suites funestes. Le royaume était menacé d'un bouleversement général, lorsqu'Henri III fut assassiné par un moine fanatique, nommé Jacques-Clément. Henri, roi de Navarre, son légitime successeur, ne put obtenir la couronne qu'après avoir soutenu bien des combats contre les ligueurs, entr'autres les batailles d'Arques et d'Ivri. Il fit enfin son abjuration dans l'église de Saint-Denis, entre les mains de

Ans. l'archevêque de Bourges. La paix fut rétablie dans l'intérieur du royaume : elle fut signée plus tard avec l'Espagne et la Savoie, et le bon Henri fit bénir son nom, par un gouvernement tout paternel. Dans le même temps, Mahomet III, après avoir fait étrangler ses vingt et un frères, recueillit la succession de son père Amurat III. Ce nouveau sultan continua la guerre que son père avait commencée, contre l'empereur Rodolphe II ; mais elle ne fut pas heureuse pour lui : la ville de Strigonie lui fut enlevée, et son grand visir fut tué. Il eut ensuite sa revanche contre Rodolphe ; il emporta une forteresse importante de Hongrie, et gagna une grande bataille contre Mathias, frère de l'empereur. Tandis que les différentes puissances de l'Europe étaient armées les unes contre les autres, les Hollandais, qui commençaient à faire un corps séparé, trouvèrent le chemin des Indes orientales et s'y établirent. Le maréchal de Biron, s'étant rendu coupable par ses liaisons avec les ennemis de l'état, porta sa tête sur l'échafaud, et peu après, Elisabeth, reine d'Angleterre, qui avait aussi fait couper la tête au comte d'Essex, son favori, mourut après avoir nommé pour son successeur

Ans. Jacques VI, roi d'Ecosse, fils de Marie Stuart et du comte de Lenox. Les trois royaumes d'Angleterre, d'Ecosse et d'Irlande reconnurent alors le même souverain. Les jésuites, qui avaient été bannis de la France, obtinrent leur rappel; le roi leur donna son palais de la Flèche pour en faire un collége, et leur légua son cœur. La Suède secoua le joug de la domination de Sigismond, roi de Pologne, son légitime prince, pour se donner à Charles, oncle de ce roi, qui professait la religion protestante. L'empire ottoman souffrit de grandes pertes, du côté des Perses, et ne fut pas aussi florissant, sous le règne de Mahomet et d'Achmet, son successeur, que du temps de leurs prédécesseurs.

1605 En Angleterre, les catholiques, irrités de ce que le roi Jacques les poursuivait avec rigueur, résolurent de le faire périr avec les plus notables du royaume. Ils entreprirent de faire sauter la salle où devait se tenir le parlement, en mettant le feu à plusieurs barriques de poudre, disposées pour ce dessein: le complot fut découvert, et plusieurs des coupables furent punis. Le pape Clément VIII mourut : on élut le cardinal de Médicis, qui, au bout de vingt-sept jours, eut pour successeur Camille Borghèse, sous

Aus. le nom de Paul V. Henri IV, roi de France, institua, dans ce même temps, l'ordre militaire de Notre-Dame du Mont-Carmel, qu'il fit unir, l'année suivante, à celui de St.-Lazare: celui-ci avait eu son institution dans la Terre-Sainte, dès le douzième siècle. Le roi d'Espagne et les Hollandais étaient également las d'une guerre qui les avait épuisés d'hommes et d'argent; ils n'étaient pas disposés à conclure une paix finale; mais une trêve fut signée pour douze ans, par laquelle le roi d'Espagne et l'archiduc Albert reconnurent ces provinces libres et indépendantes. Les Maures furent tout-à-fait chassés de l'Espagne : on dit qu'il en sortit jusqu'à douze cent mille, qui se reti-
1610 rèrent en divers endroits. Le roi Henri IV se disposait à exécuter un grand dessein, qu'il avait formé contre la maison d'Autriche, lorsqu'un monstre, suscité par l'enfer, trancha le fil des jours de ce bon prince, et remplit toute la France de deuil. Louis XIII, âgé de 9 ans, lui succéda, sous la régence de Marie de Médicis sa mère. Gustave-Adolphe succéda aussi à Charles, roi de Suède, son père, qui mourut de chagrin pour avoir été battu par les Danois. Vers ce même temps, Mathias prit possession de l'empire d'Allemagne, après

la mort de son frère Rodolphe II. En Italie, le duc de Savoie faisait la guerre au duc de Mantoue, pour quelques places du Montferrat. Le premier, étant sur le point d'être opprimé par les Espagnols, qui avaient pris la défense du duc de Mantoue, fut soutenu par les Français, commandés par le maréchal de Lesdiguières. La minorité de Louis XIII fut agitée par quelques troubles; qui se terminèrent par l'exil de la reine mère, après que le roi eut été déclaré majeur. Achmet, sultan des Turcs, étant mort, les Janissaires déférèrent l'empire à Mustapha son frère, parce que son fils Osman était encore fort jeune. Au bout de deux mois, ils mirent Osman sur le trône et Mustapha dans une prison; le nouveau sultan fut un prince d'un grand courage : il ne fut pas heureux dans la guerre contre les Polonais où il perdit près de trois cent mille hommes. La puissance de Ferdinand, archiduc d'Autriche et roi de Bohême, s'accrut en très-peu de temps : il était fils de Charles, frère de Maximilien II. L'empereur Mathias lui donna le royaume de Hongrie, l'année suivante, il parvint à l'empire, après la mort de cet empereur. L'Espagne faillit perdre le royaume de Naples, dont le duc d'Ossone, qui en était vice-roi;

Ans. médita de se rendre maître. Son dessein ayant été découvert, il fut révoqué et obligé d'aller à Madrid justifier sa conduite. Louis XIII, ayant apaisé les troubles excités par l'ambition de Marie de Médicis, rétablit la religion catholique dans le Béarn, où elle n'était presque plus exercée. Depuis trois ans, les hérétiques de Bohême s'étaient révoltés contre Ferdinand et avaient élu pour roi Frédéric, électeur palatin. Ce prince fut vaincu et son électorat donné au duc de Bavière. Il fut obligé de s'enfuir en Hollande avec sa famille, et d'y vivre en homme privé. Philippe III, roi d'Espagne, mourut, et le pape Paul V subit la même destinée, après avoir confirmé l'institut des Ursulines, celui de la Visitation, celui des pères de la doctrine chrétienne par César de Bus, et celui des prêtres de l'Oratoire, fondé à Paris par Pierre de Bérulle, qui fut ensuite cardinal. L'archiduc Albert mourut aussi, et la Flandre fut réunie à la monarchie d'Espagne. La trève avec la Hollande venait d'expirer, le roi Philippe IV voulut reprendre ses droits sur cette contrée et la

1622 guerre recommença. Quatre événemens importans rendirent cette année remarquable. L'abjuration du maréchal de Lesdiguières, alors âgé de quatre-vingts ans ; le roi lui envoya l'épée de connétable et le cordon bleu : la promotion de Jean Armand du Plessis de Richelieu, évêque de Luçon, au cardinalat : l'érection de Paris en archevêché, par Grégoire XV et la mort de S. François de Sales, que ses vertus et ses pieux écrits ont rendu cher à l'Eglise.

Osman, attribuant ses malheurs aux fréquentes mutineries des Janissaires, avait résolu de les casser et même de transporter le siège de son empire à Damas, ville de Syrie. Les Janissaires le prévinrent : ils remirent Mustapha sur le trône, et après avoir promené Osman sur un mauvais cheval, dans les rues de Constantinople, ils l'étranglèrent avec une corde d'arc. Urbain VIII succéda à Grégoire XV. Ce pape réunit au Saint-Siége le duché d'Urbain, vacant par la mort du dernier duc : c'est lui qui a donné aux cardinaux le nom d'*Eminentissime*. Les Turcs, dédaignant l'autorité du stupide Mustapha, le remirent dans sa prison et reconnurent pour leur empereur Amurat IV, frère d'Osman. Le cardinal de Richelieu devint alors premier ministre d'état. Bientôt après, Louis XIII unit la Basse-Navarre et le Béarn à la couronne de France, et par là étendit sa puissance jusqu'aux Pyrénées. Les calvinistes, toujours en guerre dans ce royaume, perdirent beaucoup de places importantes, et furent bloqués dans la Rochelle, où ils soutinrent un siége fameux, qui se termina par la prise de cette ville. Depuis ce temps, les protestans ne furent plus en état de se faire craindre, et ne formèrent plus un corps dans l'état. La guerre se faisait toujours dans les Pays-Bas : les Hollandais perdirent la ville de Bréda ainsi que leur chef, le comte Maurice, qui eut pour successeur Henri de Nassau, son frère. L'Italie fut troublée par la guerre de Gênes : le duc de Savoie et le connétable de Lesdiguières prirent d'abord plusieurs places sur cette république. Les Espagnols étant venus à son secours, on fut trop heureux de les obliger à se retirer. Peu après la guerre de Mantoue donna un nouvel exercice aux armes françaises, en faveur de Charles, duc de Nevers, légitime héritier des duchés de Mantoue et de Montferrat : Le duc de Savoie, appuyé de l'empereur et du roi d'Espagne, réclamait cette succession. Il se vit chassé de la Savoie, et n'eut pas la consolation de laisser son état tout entier à Victor-Amédée, son fils. Cependant cette guerre allait avoir de terribles suites, si l'adresse de Jules Mazarin, ministre du pape Urbain V, n'eut arrêté cet embrâsement. Il

Ans.
se jeta entre deux armées prêtes à se charger, en criant *la paix :* le combat n'eut pas lieu, et un traité fut conclu l'année suivante. Le cardinal de Richelieu était en butte aux efforts de l'envie et de l'animosité des premiers du royaume; mais il triompha de tous ses ennemis à la journée des dupes. La division qui existait déjà entre les membres de la famille royale, éclata presqu'aussitôt après cet événement : elle devint funeste à Marie de Médicis, qui se trouva réduite à sortir du royaume. Gustave-Adolphe, roi de Suède, était en guerre avec l'empereur. Les princes protestans d'Allemagne s'étaient joints avec lui, pour se défendre de restituer les biens ecclésiastiques qu'ils avaient usurpés, et pour se préserver des contributions et du passage des armées impériales sur leurs terres. Le roi Louis XIII, indigné de ce que Philippe IV, roi d'Espagne, avait fomenté la guerre civile dans son royaume, en fournissant de l'argent au duc de Rohan, chef des protestans, et ayant intérêt d'abaisser la maison d'Autriche, appuya les armes du roi de Suède, qui avait outre cela, dans son parti, le roi d'Angleterre et les Hollandais. Jamais l'empire ne fut en plus grand danger. Gustave-Adolphe renversa les bataillons impériaux à la journée de Leipsick, et

1631

cette victoire fut suivie de beaucoup de conquêtes. Dans le même temps, le duc de Montmorenci, s'étant malheureusement engagé dans le parti du duc d'Orléans, fut vaincu par le maréchal de Schomberg à Castelnaudary, et porta sa tête sur l'échafaud. Le roi de Suède avait conquis les deux tiers de l'Allemagne, et sa valeur ne trouvait rien qui lui résistât; mais la mort, encore plus fière que lui, l'attendait à la bataille de Lutzen : les Suédois furent victorieux, mais leur prince fut enseveli dans son propre triomphe. D'un autre côté, le prince d'Orange prit Maestricht sur les Espagnols ; et les Hollandais s'enrichirent des pertes de la maison d'Autriche. La France ne négligeait pas ses avantages. Louis XIII fit un traité avec le duc de Savoie, qui lui rendit quelques places fortes, moyennant une somme d'argent. Ensuite le roi déclara la guerre au duc de Lorraine, parce qu'il avait accordé sa fille au duc d'Orléans, contre la volonté de son souverain. Il céda son duché à son frère, qui en fut bientôt dépouillé par le roi de France. L'Allemagne était en proie à des ennemis étrangers et domestiques. Walstein, général des troupes de l'empereur, ayant donné lieu, depuis quelque temps, de soupçonner sa fidélité, ce prince le fit tuer et donna le commandement de ses armées à Ferdinand, roi de Hongrie, son fils. Ce fut heureux pour l'empire; car Ferdinand gagna la bataille de Nordlingen contre les Suédois, et les chassa de la Bavière, de la Souabe, du duché de Wirtemberg et presque de la Franconie. L'électeur de Saxe quitta leur parti et prit celui de l'empereur. Le duc d'Orléans, choqué de l'orgueil des Espagnols et de leurs mauvais procédés à son égard, se réconcilia enfin avec son frère. Le cardinal de Richelieu, parmi les travaux du ministère, ne négligeait pas la culture des lettres : il fonda l'académie française, qui réunit bientôt ce que la France comptait de plus illustre. Le péril où était l'Allemagne, avait obligé l'électeur de Trèves de se mettre sous la protection du roi très-chrétien. Les Espagnols, secondant l'indignation de l'empereur contre ce prélat, le chassèrent de ses états et le firent prisonnier. Louis XIII déclara la guerre à l'Espagne. La bataille d'Avein aurait eu des suites importantes pour la France, si la jalousie des Hollandais ne lui eût fait perdre le fruit de cette victoire. Les Espagnols eurent ensuite divers avantages. Plusieurs villes furent prises et reprises de part et d'autre. Les impériaux furent défaits à Wislake par les Suédois,

Ans. qui pénétrèrent dans plusieurs provinces de l'empire. Ferdinand II mourut et Ferdinand III, son fils, hérita de l'empire affaibli par des pertes multipliées. La mort du duc de Savoie causa aussi des troubles dans cet état. Le cardinal Maurice voulut avoir la régence, au préjudice de madame Royale, et fut appuyé des Espagnols. Cette princesse ayant eu recours à la protection du roi Louis XIII, son frère, on en vint aux armes. La guerre continuait toujours avec les Espagnols, qui obtinrent plusieurs succès. Le sultan Amurat conquit la ville de Bagdad sur les Perses, et releva, par cet exploit, la réputation des armes ottomanes.

1638 La naissance de Louis XIV causa une grande joie dans le royaume qu'il devait gouverner si glorieusement : elle fut regardée comme une faveur spéciale, accordée aux vœux d'un peuple entier, qui, à l'exemple de son monarque, s'était mis sous la protection de la reine du ciel. Le dauphin reçut le nom de Dieudonné. Dans la suite il mérita le surnom de *Grand*. En Allemagne, Bernard de Saxe, duc de Weimar, prit plusieurs villes considérables, et gagna trois batailles contre les généraux de l'empereur. Il continuait à soumettre une grande étendue de pays, lorsqu'il fut frappé d'une maladie contagieuse, dont il mourut à Neubourg. D'un autre côté, la prise d'Hesdin fit beaucoup d'honneur au marquis de la Meilleraie, qui y reçut du roi, sur la brèche, le bâton de maréchal de France. Le prince Thomas quitta la Flandre, et se joignit avec le cardinal Maurice, son frère, contre madame Royale. Cette princesse ayant été obligée de sortir de Turin et de se retirer à Suze, le roi envoya en Italie le comte d'Harcourt, qui défit le prince Thomas et le marquis de Léganez, secourut Casal, que ce dernier tenait assiégée, et rétablit dans Turin le duc de Savoie et la duchesse régente, sa mère. En même temps, le maréchal de la Meilleraie prit Arras, et la reine eut un second fils. Tandis que la France était comblée de prospérités, l'Espagne fut à la veille de voir sa monarchie renversée : elle dut se trouver heureuse d'en être quitte pour la perte d'un royaume. Le gouvernement dur et orgueilleux du comte d'Olivarez, causa ces révolutions. Les Catalans se révoltèrent les premiers, et le Portugal, ayant reconnu pour roi Jean IV, duc de Bragance, retourna à ses anciens maîtres. Amurat IV, empereur des Turcs, était mort ; Ibrahim, son frère, sortit des fers pour monter sur le trône. Ce sultan fit la guerre aux Vénitiens. Philippe IV, impatient de recouvrer la

Catalogne, y fit marcher une armée, sous la conduite du marquis de Los Velez, qui tenta le siége de Barcelone. Il fut repoussé, et les Catalans élurent le roi Louis XIII pour leur souverain. Les troubles du Piémont obligèrent le roi d'y renvoyer le comte d'Harcourt, qui, par la prise de Coni, affermit de plus en plus l'autorité de la régente. Le comte de Soissons ayant été disgracié par le cardinal de Richelieu, parce qu'il avait refusé d'épouser la duchesse d'Aiguillon, nièce du ministre, se ligua avec le duc de Bouillon et Henri de Lorraine, duc de Guise, archevêque de Reims, qui avaient aussi quelques sujets de mécontentement contre la cour. Ils levèrent une armée, avec le secours du cardinal infant, gouverneur des Pays-Bas; le roi leur opposa des troupes, commandées par le maréchal de Châtillon. Les rebelles gagnèrent une victoire; mais ils perdirent leur chef. Le duc de Bouillon rentra en faveur. Le duc Charles de Lorraine avait reçu du roi ses états, en lui promettant de servir contre ses ennemis; il refusa de le faire, en cette occasion, et se lia avec le cardinal infant: cette infraction lui coûta une seconde fois la Lorraine. La France faisait redouter ses armes par toute l'Europe. Le comte de Guébriant gagna une seconde bataille contre les impériaux, où Lamboi et Merci furent faits prisonniers. En même temps, le roi partit de Paris pour la conquête du Roussillon. A Valence, il donna le chapeau de cardinal à Jules Mazarin, qui l'avait obtenu, d'après la demande de Louis XIII. La Mothe-Houdancourt, qui commandait sur la frontière d'Espagne, battit plusieurs fois les ennemis, et les força de se rendre près de Villefranche : la ville de Collioure fut prise et Perpignan investi. Le maréchal de la Mothe pénétra dans le royaume de Valence et dans l'Arragon. Cependant don Francisque de Mélos, gouverneur des Pays-Bas, fit une puissante diversion du côté de la Flandre ; il prit deux villes et gagna une bataille contre le maréchal de Grammont, à Honnecourt. Le cardinal de Richelieu, ayant découvert une nouvelle conspiration tramée contre lui, en fit donner avis au roi, qui paraissait refroidi à son égard : il en coûta la vie à Cinq-Mars et à son ami François Auguste de Thou, fils de l'historien du même nom, pour avoir su et tu ce complot, quoiqu'il s'y fût opposé de tout son pouvoir. Le duc d'Orléans, un de ses complices, se retira dans ses terres, et le duc de Bouillon, aussi coupable, fut arrêté en Italie, où il commandait l'armée,

Aus. il en fut quitte pour recevoir garnison française dans la ville de Sédan. La ville de Perpignan fut prise, après le départ du roi, qu'une maladie obligea de revenir à Fontainebleau. Il reçut, en même temps, la nouvelle de la mort de sa mère, qui finit ses jours à Cologne. La conquête du Roussillon fut bientôt achevée ; le maréchal de la Mothe-Houdancourt, vice-roi de Catalogne, y gagna une bataille contre le marquis de Léganez, auprès de Lérida.

Torstenson, général des Suédois, alliés de la France, ayant vaincu le duc de Lauenbourg, traversa librement la Moravie, la Silésie et la Bohême : une autre victoire plus importante, qu'il remporta contre l'archiduc Léopold-Guillaume et Piccolomini, le rendit maître de Leipsick. Sur ces entrefaites, le cardinal de Richelieu mourut, âgé de cinquante-sept ans. Sa fortune, égale à son génie, l'avait porté à un si haut degré d'élévation, qu'il ne voyait au-dessus de lui que la souveraine puissance, dont il était dépositaire. Louis XIII ne lui survécut que peu de mois : il laissa par sa mort le royaume à Louis XIV son fils, âgé de quatre à cinq ans, sous la régence d'Anne d'Autriche sa mère.

1643 Les Espagnols crurent que, pendant cette minorité, leurs affaires ne manqueraient pas de se rétablir; mais Louis, victorieux dès l'enfance, leur fit bientôt éprouver le contraire. Le sixième jour de son règne, le duc d'Enghien, général de ses armées, gagna contre eux la bataille de Rocroi, dont le succès entraîna la prise de plusieurs places importantes, entr'autres celles de Thionville et de Barlemont. Le duc de Brézé, défit aussi la flotte d'Espagne, auprès de Gibraltar. Les Français eurent encore des avantages en Italie. Gaston, duc d'Orléans, fit venir à Paris la duchesse Marguerite de Lorraine, qu'il avait épousée contre la volonté de son frère. Plusieurs combats se succédaient rapidement, en Allemagne et en Espagne. Le roi de Portugal sut profiter de l'occasion, et fit des conquêtes en Castille. Au milieu de ces agitations, le Saint-Siége, devenu vacant par la mort du pape Urbain VIII, fut rempli par Innocent X. L'année suivante fut glorieuse pour la France. Le comte du Plessis-Praslin prit Roses en Catalogne; et le roi étendit ses conquêtes en Flandre, en Artois, en Lorraine et en Catalogne. Torstenton, général des Suédois, remporta une victoire contre les impériaux, dans la Bohême; et le duc d'Enghien gagna la bataille de Nortlingue, contre les Bavarois. Pendant que ce jeune prince se couvrait de lauriers, le maréchal de Turenne prit Trèves, et y rétablit l'électeur. Plusieurs places tombèrent au pouvoir des Français, du côté du nord et dans l'Italie; les armes du roi triomphaient partout, et l'Espagne était menacée de toutes parts. A Naples, un simple pêcheur, avec son habit de toile, fit la loi au duc d'Arcos, vice-roi. Il le contraignit de révoquer un nouvel impôt, qu'il avait mis sur les fruits, et de rétablir tous les anciens priviléges accordés par les rois. Cet homme ayant été assassiné, le peuple appela à son secours Henri de Lorraine, duc de Guise, qui était à Rome, et le nomma duc de la république de Naples. Philippe IV commença par faire la paix avec les états des Provinces-unies. La révolte de Naples n'eut aucune suite, et le duc de Guise, ayant été trahi, devint prisonnier du vice-roi, qui l'aurait fait mourir, si le prince don Juan d'Autriche ne l'en eût empêché. Il fut amené en Espagne, et ne fut délivré qu'au bout de quatre ans. Cependant le maréchal de Turenne et les généraux suédois, pour se venger de ce que le duc de Bavière avait rompu un traité qui avait été fait avec lui, entrèrent dans son pays, défirent les impériaux et les Bavarois, et ayant conquis les états du duc, le contraignirent, à l'âge de soixante-

Ans. dix-huit ans, de quitter Munich, et de se réfugier à Salzbourg. Le général Géis, qui commandait l'armée du landgrave de Hesse, allié de la France, vainquit aussi les impériaux à Grevembruch, et obligea Lamboi Spar, général de l'électeur de Cologne, et le comte de Furstemberg, de se sauver par la fuite. Les succès furent partagés, en Italie et en Catalogne. D'un autre côté, l'archiduc Léopold, qui venait de prendre Courtrai, Furnes et Lens, se proposait d'entrer en France; mais il fut arrêté par le prince de Condé, qui gagna contre lui la bataille de Lens. Cette victoire fut suivie de près du traité de Munster, entre le roi, l'empereur Ferdinand III, Christine, reine de Suède, et les états de l'empire. L'électeur de Trèves fut rétabli dans tous ses biens; le duc de Bavière obtint la dignité électorale, qui avait appartenu aux électeurs palatins; un huitième électorat fut accordé à Louis, comte palatin, à qui le palatinat du Rhin fut rendu : Metz, Toul, Verdun, Moyenvic et l'Alsace demeurèrent au roi, en toute souveraineté : la reine de Suède, eut une partie de la Poméranie, avec l'île de Rugen et quelques villes.

1648

Le sultan Ibrahim se tenait enfermé dans le sérail de Constantinople, sans se mettre en peine du gouvernement : cette indigne conduite lui coûta la vie. Les janissaires, excités par le mufti, se soulevèrent contre lui, couronnèrent Mahomet IV son fils, âgé de sept ans, et étranglèrent l'empereur. Les Anglais, avec plus d'appareil, firent couper la tête à l'infortuné Charles Ier, leur roi, par la main du bourreau, et donnèrent à l'univers un funeste exemple, qui n'aurait jamais dû trouver d'imitateurs.

Les troubles de la Fronde agitaient la France, tandis que la guerre continuait en Espagne et en Italie. Les Espagnols prirent une part active aux mouvemens séditieux des frondeurs, et secondèrent les princes mécontens, en leur procurant des troupes et de l'argent, pour entretenir le feu de la guerre civile dans le royaume. Quelques combats furent livrés, entre les troupes royales et celle des rebelles. Le roi avait quitté Paris, et le parlement avait reçu l'ordre de se retirer à Pontoise : des négociations commencèrent ; mais la paix ne fut rétablie que par l'éloignement momentané du cardinal Mazarin, qui était devenu l'objet d'une haine générale.

Le cardinal de Retz avait pris une grande part aux troubles, il fut arrêté et conduit

Anf.

au château de Vincennes. Bientôt après, le cardinal Mazarin revint, glorieux et triomphant. Les Espagnols obtinrent plusieurs avantages, dans le nord et dans le midi. Les généraux français reprirent plusieurs places. Le prince de Condé, qui s'etait jeté dans le parti des Espagnols, entra en France, avec le comte de Fuensaldagne, et s'empara de Rocroi. Le prince de Conti et la duchesse de Longueville se réconcilièrent avec la cour.

A mesure que la discorde quittait la France, elle passait chez les ennemis. L'archiduc Léopold, sur quelques soupçons, fit arrêter, dans son palais, le duc Charles de Lorraine, et le fit enfermer dans la citadelle d'Anvers, d'où il fut envoyé en Espagne. Ses troupes continuèrent à servir, sous les ordres du prince François, son frère. L'année suivante, ce prince les retira, et se soumit au roi, qui fut sacré à Reims, tandis que l'archiduc et le prince de Condé assiégeaient Arras. La ville de Stenai était aussi assiégée par le marquis de Faber et le comte de Grandpré, qui la prirent : Arras fut secouru. Les maréchaux de Turenne et de la Ferté prenaient d'autres places, en même temps que le prince de Conti, vice-roi de Catalogne, réduisait plusieurs villes de cette province.

1654

Les armes du roi étaient également victorieuses en Italie, sous le commandement du maréchal de Grancei. Le duc de Guise, appelé de nouveau par les Napolitains, retourna dans leur pays, avec une armée navale, et se rendit maître de Castelmare; mais ensuite, ayant été battu, il fut obligé de se retirer.

L'Angleterre était une république; toutefois elle se trouvait sous la domination de Cromwel, qui en était, en même temps, le *protecteur* et le tyran. Le pape Innocent X mourut; il eut pour successeur Alexandre VII. Les intérêts de la France demandaient qu'on fît alliance avec Cromwel, pour empêcher l'Angleterre de se liguer avec l'Espagne. Le roi Charles II fut obligé de quitter la France, où il était resté, depuis la mort de son père; il se retira à Bruxelles. La guerre continuait sur différens points, et les succès étaient partagés. La reine Christine de Suède, qui, deux ans auparavant, avait laissé son royaume à Charles-Gustave Palatin, son cousin, pour embrasser la religion catholique, vint en France, et finit par se retirer à Rome. Les Espagnols, après quelques avantages, furent battus, près de Dunkerque. Ils perdirent cette ville, qui fut remise aux Anglais. Le maréchal de Turenne prit encore plusieurs

Ans. places : son exemple fut heureusement imité par le maréchal de la Ferté, dans le nord, et les ducs de Modène et de Navailles, dans le Milanais. Après plus d'un an d'intervalle, depuis la mort de Ferdinand III, Léopold-Ignace d'Autriche, roi de Bohême et de Hongrie, son fils, fut proclamé empereur, dans la diète de Francfort, et couronné dans la même ville. La mort d'Olivier Cromwel fit espérer au roi Charles II de recouvrer son royaume. Don Juan IV, roi de Portugal, était mort, et avait laissé sa couronne à Alphonse son fils, sous la tutelle de sa mère. Les Portugais, pour être plus forts contre les Espagnols, entreprirent de faire des conquêtes sur eux : ils assiégèrent Bajadox, place située sur les frontières de Galice et de Portugal. Ils furent contraints d'en lever le siége, et de se retirer à Elvas. Les Espagnols, qui les assiégèrent, eurent le même sort, et de plus ils furent défaits dans un combat, par les Portugais, qui gagnèrent aussi une bataille contre les Hollandais, devant Goa.

1659
1660
 La paix des Pyrénées et le mariage du roi, fait à Saint-Jean-de-Luz, terminèrent enfin la guerre entre la France et l'Espagne, qui avait duré près de trente ans. Par le traité de paix, le comté d'Artois, le Roussillon, le Hainaut,

le Luxembourg, une partie de la Flandre, le duché de Bar et le comté de Clermont furent cédés au roi. Ce jeune prince revint triomphant à Paris, où la reine Marie-Thérèse d'Autriche, sa femme, fit son entrée avec lui, et y reçut les respects et les hommages de tous les ordres du royaume. La mort de Gaston de France, duc d'Orléans, avait précédé de quelques mois cette cérémonie : celle du cardinal Mazarin la suivit, et tout changea de face dans le gouvernement. Peu à peu, les royaumes électifs de l'Europe devinrent héréditaires. Celui de Bohême avait pris cette forme, sous l'empereur Ferdinand II. Frédéric III, roi de Danemarck, mit le sien sur le même pied ; tous les priviléges de la noblesse y furent abolis. Charles II prit possession de son royaume d'Angleterre, et fut couronné à Londres. Le baron de Batteville, ambassadeur d'Espagne, en cette cour, ayant voulu, dans cette occasion, prendre le pas sur le comte d'Estrade, ambassadeur de France, Louis XIV en fit faire ses plaintes au roi catholique, qui désavoua son ambassadeur : et même le comte de Fuentes fut envoyé par ce prince, auprès du roi, pour déclarer, comme il le fit solennellement au Louvre, que son maître ne disputerait jamais le pas à la France. La majesté de cette couronne reçut, peu après, une autre offense dans la ville de Rome, en la personne du duc de Créqui, ambassadeur de France. Le roi en reçut bientôt une satisfaction éclatante. Charles II, roi d'Angleterre, épousa l'infante Catherine de Portugal, qui lui apporta pour dot la ville de Tanger, en Afrique. Louis XIV acheta des Anglais la ville de Dunkerque, et renouvela l'alliance, faite depuis long-temps, avec les Suisses, qui lui avaient envoyé des ambassadeurs. Les Turcs, toujours avides de conquêtes, prirent Neuhausel, en Hongrie. Le roi fit marcher contre eux une armée, qui les vainquit sur les bords du Raab; ils firent la paix avec l'empereur, pour vingt ans. Les Portugais étaient encore aux prises avec les Espagnols : ceux-ci, après quelques échecs, avaient repris la supériorité sur leurs adversaires; mais le comte de Schomberg ayant pris le commandement des armées du Portugal, leur fortune changea. Une nouvelle hérésie cherchait à s'introduire dans l'église, celle de Jansénius : le pape Innocent X la condamna. Philippe IV, roi d'Espagne, mourut et Charles II, son fils, lui succéda, sous la tutelle de Marie-Anne d'Autriche, sa mère. Les Hollandais et les Anglais étaient divisés au sujet de leur commerce aux

Indes occidentales. Louis XIV se déclara contre les Anglais, qui furent chassés de l'île de St-Christophe ; ils y rentrèrent par la paix qui se fit l'année suivante. Les sciences et les arts florissaient en France; on vit s'élever des académies et des manufactures. Un deuil général suivit la mort d'Anne d'Autriche, mère du roi. La mort de Philippe IV, roi d'Espagne, et du prince Balthasar, son frère, occasionna une guerre avec la France. Le roi fit une ligue offensive et défensive, pour dix ans, avec Alphonse IV, roi de Portugal ; ayant laissé la régence du royaume à la reine, il se mit à la tête de ses troupes, et se rendit maître de plusieurs places, entr'autres Tournai et Douay ; il fit faire à la reine son entrée, dans ces deux dernières villes. Tout fléchit devant le vainqueur: Lille tomba en son pouvoir. Le maréchal d'Aumont se distingua dans cette guerre, qui fut terminée par le traité d'Aix-la-Chapelle. Louis XIV conserva la Flandre, et rendit au roi d'Espagne la Franche-Comté. Les Turcs, obstinés à la prise de Candie, l'assiégèrent de nouveau. L'Eglise reçut alors un nouveau chef, en la personne du pape Clément IX, successeur d'Alexandre VII. Jean Casimir, roi de Pologne, abdiqua volontairement le souverain pouvoir,

Ans. et vint se fixer à Paris, où le roi lui donna l'abbaye de St-Germain-des-Prés. Un autre événement causa autant de joie que d'édification dans le royaume très-chrétien : le maréchal de Turenne fit une abjuration solennelle de la religion prétendue réformée, dans l'église de Notre-Dame de Paris. Cependant les Turcs
1669 pressaient vivement le siége de Candie : le duc de Beaufort, amiral de France, s'embarqua, avec dix mille hommes, pour aller secourir cette place : il trouva la mort dans cette expédition, et la ville fut obligée de se rendre. Le roi reçut à Paris un envoyé du grand Seigneur, qui, au milieu de ses succès, respectait la puissance de cet illustre monarque. L'Europe en était alarmée; une ligue se forma entre l'Angleterre, la Suède et les Pays-Bas, sous le nom de *triple alliance*; ce traité fut conclu à la sollicitation de l'Espagne, pour défendre les Pays-Bas, si le roi les attaquait. Louis XIV méprisa ce complot, et fit éclater son indignation contre le duc Charles de Lorraine, qu'il chassa de ses états pour les nouvelles offenses qu'il en avait reçues. Clément X était assis sur la chaire de St Pierre, depuis la mort de Clément IX. Les Hollandais, fiers de leurs prospérités, osèrent manquer de respect au premier souverain

de l'Europe : ils eurent bientôt lieu de s'en repentir. Le roi d'Angleterre, l'électeur de Cologne et l'évêque de Munster se joignirent à Louis XIV pour les écraser. En moins de deux mois, quarante places fortes leur furent enlevées: le Rhin ne put les défendre contre une armée, que la présence de son roi rendait plus redoutable encore. Les Espagnols se déclarèrent ouvertement contre la France. D'un autre côté les Turcs, profitant de la révolte des cosaques, se jetèrent sur la Pologne, et prirent Caminiek. Jean Sobieski, grand maréchal du royaume, remporta sur eux une victoire, qui l'éleva au trône; mais il ne put reprendre ce que les infidèles lui avaient enlevé. Les alliés de Louis XIV, firent la paix avec la Hollande, et la France demeura seule chargée du poids de la guerre. Plusieurs batailles se succédèrent, sans avantage pour les ennemis. Les états de Hollande ayant déclaré la guerre au roi de Suède, le connétable Wangrel prit quelques villes sur l'électeur de Brandebourg : celui-ci vainquit les Suédois, près d'Hakemberg. La France victorieuse eut à regretter le maréchal de Turenne, qui fut frappé au moment où il allait cueillir de nouveaux lauriers. Ce guerrier, vertueux autant que brave, fut transporté à

St.-Denis, où il reçut les honneurs de la sépulture. Le prince Charles de Lorraine trouva aussi la mort, en combattant avec les ennemis de son roi : il venait de faire prisonnier le maréchal de Créqui, celui-là même qui l'avait dépouillé de ses états, d'après les ordres de Louis XIV. La guerre se faisait aussi en Sicile: la ville de Messine s'était révoltée contre les Espagnols, et avait réclamé la protection du roi de France, qui y envoya des troupes. Le duc de Vivonne gagna une bataille navale contre les Espagnols, devant le phare de Messine, et entra dans cette ville; ensuite il prit la ville d'Agouste, entre Catane et Syracuse. Plus tard Duquesne, lieutenant-général de l'armée navale de France, gagna deux batailles contre Ruyter, amiral de Hollande; celui-ci fut blessé mortellement à la dernière, et finit ses jours à Syracuse. Le duc de Vivonne et Duquesne combattirent encore, à la vue de Palerme, et vainquirent les flottes d'Espagne et de Hollande; le duc prit aussi quelques places.

Les rois de Suède et de Danemarck se faisaient la guerre : les Suédois, d'abord vaincus, remportèrent ensuite une grande victoire : ils furent depuis battus sur mer, et perdirent l'île de Rugen; l'électeur de Brandebourg leur prit

Stettin, capitale de la Poméranie. Innocent XI avait succédé à Clément X. Louis XIV fit la plus glorieuse campagne qui eût été faite jusqu'alors : il réduisit les villes de Valenciennes et de Cambrai. Philippe, duc d'Orléans, son frère, gagna, contre le prince d'Orange, la bataille de Cassel et prit St.-Omer. Le maréchal de Créqui vainquit, près de Strasbourg, le jeune prince Charles de Lorraine, neveu du dernier duc, et s'empara de Fribourg. Le duc de Navailles défit, auprès d'Epoville, le comte de Mouterei, vice-roi de Catalogne. Le duc de Luxembourg fit lever le siége de Charleroi au prince d'Orange et au duc de Villa-Hermosa, et le maréchal d'Humières prit St.-Guillain. L'année précédente, le comte d'Estrées, vice-amiral de France, avait pris le fort de Cayenne, en Amérique. Depuis il se rendit maître de Tabago; les armes françaises se faisaient craindre dans les deux parties du monde.

Une paix glorieuse arrêta le cours de tant de prospérités : le roi la dicta à Nimègue, aux Espagnols et aux Hollandais. Il rendit quelques conquêtes, et garda la Franche-Comté avec plusieurs places et leurs dépendances. L'empereur voulut encore tenter la fortune de la guerre. Le maréchal de Créqui, fit échouer tous les des-

Ans. seins du prince Charles de Lorraine, général de son armée, défit une partie de ses troupes, en plusieurs combats, prit le fort de Kell, brûla douze arches du pont de Strasbourg. Ces heureux commencemens furent suivis de nouveaux succès, tandis que les Suédois, vainqueurs des Danois, étaient fort maltraités par l'électeur de Brandebourg, qui les chassa de l'empire. L'empereur consentit enfin à la paix, qui devint bientôt générale entre les princes de l'Europe. Charles de Lorraine devait être rétabli dans les états de son oncle, moyennant les conditions qui lui furent imposées par le roi ; il s'y refusa, mais il n'en résulta aucun trouble. Le pape In-

1682 nocent XI ne se montrait pas bien intentionné pour la France, à l'occasion d'un édit du roi, qui semblait borner sa puissance. Le clergé de France donna, de la part de Louis XIV, une déclaration de ses sentimens, sur la puissance ecclésiastique et sur celle du pape ; le roi fit enregistrer cette déclaration dans tous les parlemens et dans toutes les universités du royaume. L'empereur ne jouit pas long-temps de la paix qu'il s'était procurée; le comte Tékéli se révolta contre lui, et les Turcs assiégèrent Vienne, sa ville capitale. Elle fut délivrée par la valeur de Jean Sobieski, roi de Pologne, et de Charles V, duc de Lorraine, qui mirent ces barbares en fuite. La France pleurait la mort de la reine, dont les vertus avaient embelli une cour, où elle n'avait pas trouvé le bonheur : le roi lui accorda de justes regrets. Les Algériens avaient excité la colère de Louis XIV par leurs brigandages : ils ne purent la fléchir qu'en délivrant, promptement et sans rançon, près de six cents esclaves français. Ils firent ensuite leurs soumissions au roi très-chrétien. Tripoli sentit aussi les effets de la puissance de ce prince. Gênes, ayant donné quelques sujets de plaintes à cet illustre souverain, fut bombardée, et ne rentra en grâce que par une réparation digne de celui qu'elle avait offensé. Le doge, accompagné de quatre sénateurs, vint lui-même en France ; et, selon la volonté du roi, il conserva sa dignité, contre les statuts de la république, qui ne lui permettaient pas de sortir de la ville sans la perdre. Charles II, roi d'Angleterre, mourut et Jacques II, son frère, lui succéda. L'empereur, qui s'était vu menacé de si près par les Turcs, prit sur eux une supériorité, qu'il ne quitta pas depuis. Le calvinisme, que sept rois de suite n'avaient pu abattre, tomba sous les coups de Louis-le-Grand : l'édit de Nantes fut révoqué,

Ans. et les hérétiques se virent contraints à l'exil, ou à pratiquer en secret une religion qui n'était plus tolérée dans le royaume. La France, déjà illustre par des victoires multipliées, se voyait enrichie par des établissemens utiles et magnifiques, qui devaient rappeler à la postérité la grandeur du prince qui les avait fondés. L'hôtel
1686 des invalides s'élevait alors, pour assurer aux guerriers français, blessés dans les combats, une retraite et un repos honorables pour leurs vieux jours. La maison de St.-Cyr, près de Versailles, fut aussi fondée pour l'éducation de trois cents jeunes demoiselles. Les nations les plus reculées s'empressaient de rendre hommage au plus noble souverain de l'Europe : le roi de Siam envoya en France trois ambassadeurs pour faire alliance avec lui. Quelques années auparavant, le roi de Maroc et le duc de Moscovie lui avaient fait demander l'honneur de son amitié. Mais en même temps, une ligue se formait à Augsbourg et à Venise, par les peuples voisins, pour se tenir en garde contre l'ambition d'un prince, qui semblait destiné à commander à tous. Les Turcs, mécontens de leur empereur, et ne sachant à qui attribuer leurs disgrâces, déposèrent Mahomet IV et mirent sur le trône Soliman III, son frère.

L'erreur des quiétistes parut alors en France : ces nouveaux hérétiques, sous prétexte de contemplation, renversaient tous les fondemens de la religion : ils furent condamnés par le pape Innocent XI. Les états de Hongrie, étant assemblés à Presbourg, pour l'élection de l'archiduc Joseph, fils aîné de l'empereur, firent un décret pour rendre cette couronne héréditaire à la maison d'Autriche ou à la branche d'Espagne, au défaut de celle de l'empereur. Il survint alors une révolution en Angleterre. Guillaume de Nassau, prince d'Orange, s'empara de ce royaume, où il fut reçu d'un consentement général. Le roi Jacques II, trahi et abandonné par ses peuples, fut obligé de se réfugier en France, avec sa femme et son fils. La guerre se ralluma dans toute l'Europe. La France eut à combattre contre l'empire, l'Espagne, l'Angleterre, la Hollande et la Savoie. Jacques II fut reçu en Irlande, où il eut d'abord quelques succès ; mais le prince d'Orange y ayant fait une nouvelle descente, il ne resta plus aucune ressource à son beau-père. Les Français avaient su réduire leurs nombreux ennemis à se tenir avec peine sur la défensive. Le roi se trouva présent à la prise de Mons, tandis que ses généraux triomphaient sur tous les autres points de la guerre. Le pape Alexandre VIII avait succédé à Innocent XI; il mourut peu après, et fut remplacé par Innocent XII. La guerre continuait avec quelques alternatives de revers et de succès, parmi lesquelles la France conserva toujours la supériorité. Ce fut au milieu de ces combats que l'ordre de St-Louis prit naissance: il fut institué par le roi, pour honorer la vertu et le courage des officiers qui se distingueraient à l'armée. Soliman III étant mort, les Turcs reconnurent Achmet son frère pour souverain, sans avoir égard aux enfans des deux derniers empereurs. Ce dernier sultan ne régna pas long-temps : sa mort laissa le trône à Mustapha II, fils de Mahomet IV. Louis XIV, indigné des bombardemens continuels des ennemis, fit le même traitement à Bruxelles, qui en souffrit beaucoup. Une trêve avec la Savoie amena la paix avec cet état; on y arrêta le mariage du duc de Bourgogne, fils du dauphin, avec la princesse de Savoie. La guerre continua en Flandre et en Catalogne; mais enfin une paix générale fut conclue à Riswick. Par ce traité, le roi rendit à l'Espagne ce qu'il avait conquis sur elle, depuis le traité de Nimègue. Le duc de Lorraine, fils du prince Charles, fut mis en possession de ses états; l'électeur de Trèves

Ans. rentra dans sa ville capitale; Strasbourg demeura au roi, et il fut convenu que le Rhin servirait de bornes à la France. Il y avait un an que Jean Sobieski, roi de Pologne, était mort; on lui donna pour successeur Auguste, électeur de Saxe, qui renonça au Luthéranisme, pour embrasser la religion catholique. L'empereur fit la paix avec les Turcs. Mais ce grand calme de l'Europe devait bientôt disparaître devant une guerre terrible, qu'alluma la mort de Charles II, roi d'Espagne. Ce prince n'avait pas d'enfant; il nomma pour son héritier le duc d'Anjou, second fils du dauphin, qui fut proclamé dans toutes les provinces de la monar-
1700 chie espagnole, tandis que l'Eglise venait de recevoir un nouveau chef, dans la personne de Clément XI.

L'histoire de France nous apprend quels combats Philippe V eut à soutenir, avant de se voir maître de l'Espagne, et les malheurs qui remplirent d'amertume les derniers jours d'un roi qui avait élevé la France au premier rang, parmi toutes les nations de l'Univers.

CHRONOLOGIES.

Empereurs Romains.

César Auguste.
Tibère.
Caligula.
Claude.
Néron.
Galba.
Othon.
Vitellius.
Vespasien.
Tite.
Domitien.
Nerva.
Trajan.
Adrien.
Tite-Antonin.
Marc-Aurèle et Vérus.
Commode.
Pertinax.
Didius Julianus.
Sévère-l'Africain.
Caracalla.
Macrin.
Héliogabale.
Alexandre-Sévère.
Maximin.
Les deux Gordiens.
Maxime et Balbin.
Gordien III.
Philippe.
Dèce.
Gallus et Volusien.
Emilien.
Valérien.
Gallien.
Claude II.
Aurélien.
Tacite.
Probus.
Carus.
Carin et Numérien.
Carin et Dioclétien.
Dioclétien et Maximien

Constance Chlore et | Licinius.
  Galérius. | Maximin.
Maxence. | Constantin.

Empereurs d'Occident.

Constantin et Cons- | Honorius.
  tant. | Valentinien III.
Magnence, *usurpateur*. | Maxime, *usurpateur*.
Valentinien. | Majorien.
Gratien et Valenti- | Avitus.
  nien II. | Olybre.
Maxime, *usurpateur*, | Anthénius.
  et Valentinien II. | Romulus-Auguste.
Eugène, *usurpateur*.

Empereurs d'Orient.

Constance. | Phocas.
Julien. | Héraclius.
Jovien. | Constant.
Valens. | Constantin Pogonat.
Théodose-le-Grand. | Justinien II.
Arcade. | Léonce, *usurpateur*.
Théodose-le-Jeune. | Tibère III, id.
Marcien. | Justinien *est rétabli*.
Léon Thracien. | Philippique.
Zénon. | Anastase II.
Anastase Ier | Théodose III.
Justin Ier. | Léon l'Isaurien.
Justinien Ier. | Artabaze, *usurpateur*.
Justin II. | Constantin Copronyme
Tibère II. | Léon IV.
Maurice. | Constantin et Irène.

Nicéphore.

C'est à ce prince que commence l'empire des Grecs appelé le Bas-Empire.

Michel Curopalate.
Léon l'Arménien.
Michel-le-Bègue.
Théophile.
Michel III et Théodora.
Basile Macédonien.
Léon le philosophe.
Alexandre, *tuteur de* Constantin Porphyrogénète.
Constantin Ducas, *usurpateur*.
Léon Phocas, *id*.
Romain Lécapène et Constantin.
Romain.
Nicéphore Phocas.
Jean Zimiscès.

Bazile et Constantin.
Romain Argyre.
Michel Paphlagonien.
Michel Caléphate.
Constantin Monomaque.
Théodora.
Michel Stratiotique.
Isaac Comnène.
Constantin Ducas.
Romain Diogène.
Michel Parapinace.
Nicéphore Botoniate.
Alexis Comnène.
Jean Comnène.
Manuel Comnène.
Alexis Comnène et Andronic.
Isaac Ange.
Alexis *son frère*.
Isaac Ange et Alexis *son fils*.
Mursufle, *usurpateur*.

Empereurs Grecs.

Théodore Lascaris.
Jean Ducas.
Théodose Lascaris.
Michel Paléologue.
Andronic.
Jean Cantacuzène.
Jean Paléologue.
Manuel II.
Jean Paléologue.
Constantin Paléologue.

Empereurs Latins.

Baudouin I.
Henri.
Pierre de Courtenay.
Robert de Courtenay.
Robert II.
Baudouin II.

Empereurs d'Allemagne.

Maximilien I.	Joseph I.
Charles-Quint.	Charles VI.
Ferdinand I.	Charles VII.
Maximilien II.	François I.
Rodolphe II.	Joseph II.
Mathias.	Léopold II.
Ferdinand II.	François II.
Ferdinand III.	Ferdinand IV, empe-
Léopold I.	reur d'Autriche.

TABLE DES MATIÈRES.

Histoire d'Egypte,	1
Histoire de Babylone et d'Assyrie,	21
Histoire de Perse,	28
Histoire de la Grèce,	33
Histoire Romaine,	65
Chronologie des rois d'Égypte,	85
Rois de Babylone et d'Assyrie,	85
Rois de Médie,	86
Rois de Perse,	86
Rois d'Athènes,	87
Rois de Rome,	87

TABLE DES MATIÈRES.

Poëtes grecs,	88
Poëtes latins,	89
Historiens grecs,	94
Historiens latins,	95
Orateurs grecs,	97
Orateurs latins,	97
Philosophes grecs,	98
Sculpteurs grecs,	101
Peintres grecs,	101
Histoire universelle, première époque,	103
Seconde époque,	104
Troisième époque,	106
Quatrième époque,	107
Cinquième époque,	109
Sixième époque,	110
Septième époque,	113
Huitième époque,	115
Neuvième époque,	123
Dixième époque,	125
Onzième époque,	136
Douzième époque,	153
Chronologie des Empereurs Romains,	268
Empereurs d'Occident,	269
Empereurs d'Orient,	269
Empereurs d'Allemagne,	271

FIN.

des anciennes sources, unie à l'intelligence des besoins de l'époque et des progrès de la science qui distinguent l'illustre professeur de Rennes. Or, quel jurisconsulte offre aujourd'hui la réunion de ces rares qualités.

M. Toullier avait confié le soin de terminer son œuvre à M. Carré, son compatriote, son collègue, et son ami. Le public éclairé avait approuvé ce choix. Il attendait avec confiance une continuation qu'il considérait avec raison comme le fruit de la collaboration de ces deux jurisconsultes célèbres. Déjà des notes nombreuses étaient rédigées et même quelques feuilles du titre de la vente étaient à l'impression, lorsque M. Carré est mort.

M. Duvergier, qu'il honorait de son amitié et de toute sa confiance, lui a succédé sans avoir la prétention de le remplacer.

M. Toullier avait autrefois encouragé les premiers travaux de celui qui devient aujourd'hui son continuateur, et il a bien voulu accepter la dédicace de l'ouvrage destiné à compléter le sien.

On a cru, ou on a feint de croire que nous revendiquions comme un privilège le droit de publier une suite de traités sur les derniers titres du Code civil à partir de la vente. Jamais rien dans nos expressions et dans notre conduite n'a pu donner lieu à une supposition pareille. Mais nous avons dit et nous répétons que ce livre est le seul qui, par son titre, sa forme, son plan, l'esprit dans lequel il est conçu, les élémens dont il se compose, et la désignation de l'auteur, se lie à l'ouvrage de M. Toullier, et forme avec lui un ensemble complet, un tout homogène. *

Nous n'attachons pas plus d'importance qu'il ne faut aux avantages que présentent l'identité de format, la similitude des divisions, etc.; mais qu'on nous permette de dire, et les hommes laborieux nous comprendront, que toutes ces choses d'un si faible mérite en apparence rendent cependant les recherches plus sûres et plus faciles; donnent à la mémoire des points d'appui, et offrent quelquefois même à l'intelligence une assistance puissante.

Il n'est pas besoin de rappeler ici à quel rang est placé M. Toullier parmi les jurisconsultes : il a été nommé le *Pothier moderne*, et en vérité on ne sait pour lequel de ces deux grands noms le rapprochement est le plus honorable. Il n'a pas cru devoir parcourir en entier la carrière où il était si glorieusement entré, mais du moins nous osons dire que sa pensée animera jusqu'à la fin l'œuvre qu'il laisse inachevée.

M. Carré avait recueilli dans des entretiens de chaque jour les

* « .... Chacun est parfaitement libre de prendre mon ouvrage au point où « je l'ai laissé et de le terminer, mais *je n'ai invité à se charger de cette tâche* « *que M. Carré d'abord, puis M. Duvergier* ».

Rennes, le 16 février 1834.   TOULLIER.

www.ingramcontent.com/pod-product-compliance
Lightning Source LLC
Chambersburg PA
CBHW060128190426
43200CB00038B/1227